MINISTÈRE D'ÉTAT.

DIRECTION GÉNÉRALE DES HARAS.

RECUEIL
DES
ACTES ADMINISTRATIFS
CONCERNANT
LA RÉORGANISATION DES HARAS.

PARIS.
IMPRIMERIE IMPÉRIALE.

1862.

MINISTÈRE D'ÉTAT.

DIRECTION GÉNÉRALE DES HARAS.

RECUEIL

DES

ACTES ADMINISTRATIFS

CONCERNANT

LA RÉORGANISATION DES HARAS.

PARIS.

IMPRIMERIE IMPÉRIALE.

1862.

DOCUMENTS OFFICIELS

RELATIFS A LA RÉORGANISATION DES HARAS.

RAPPORT A L'EMPEREUR.

SIRE,

J'ai l'honneur de mettre sous les yeux de Votre Majesté les rapports de la commission réunie sons ma présidence, pour l'étude de la question chevaline.

Je me bornerai à un résumé très-succinct de nos travaux, laissant aux rapporteurs la discussion approfondie des solutions proposées.

La commission a tout d'abord reconnu, à l'unanimité, la nécessité de faire cesser les incertitudes actuelles, pour marcher résolûment dans la voie, soit de la restriction, soit de l'extension de la liberté de cette industrie.

Ceci admis, deux partis très-tranchés se sont trouvés en présence et nous ont divisés presque par moitié : les uns voulant limiter l'action de l'État à des *encouragements indirects* et transitoires, pour arriver à mettre la production chevaline dans la même condition que toutes nos autres industries, c'est-à-dire libre et laissée à l'initiative individuelle; les autres voulant joindre à ces encouragements indirects une *intervention directe*, c'est-à-dire l'État possesseur d'étalons, de juments, et même producteur d'étalons, distribuant et réglant la saillie, soumettant les chevaux étrangers à une patente, choisissant non-seulement les produits, mais les individus auxquels il les achète par l'administration des remontes de la guerre, cherchant à exclure tout intermédiaire et aboutissant ainsi, par une réglementation complète, à mettre l'industrie chevaline sous la direction du Gouvernement.

Un vote de la commission sur ces deux systèmes a donné les résultats suivants :

Membres de la commission		26
Absent	1	
Abstention	1	
Votants		24
Pour l'intervention directe	13	
Pour l'intervention indirecte	11	

1.

Divisés ainsi sur cette question fondamentale, et ayant cherché en vain une transaction qui, du reste, n'eût amené que des résultats négatifs, nous avons pensé qu'il valait mieux présenter à Votre Majesté des solutions complètes, en faisant deux rapports.

La majorité s'est réunie sous la présidence de M. le maréchal Randon, et m'a remis le rapport ci-joint, signé par MM. Geoffroy de Villeneuve, H. de Saint-Germain, de Werlé, le comte de Kergorlay, le marquis de Croix, Roques, le général de Brancion, de Goulhot de Saint-Germain, de Caulaincourt, le comte de Tromelin, Vuillefroy, de Baylen, et le maréchal comte Randon.

La minorité, portée à douze membres par l'adjonction de M. Ferdinand Barrot, qui s'était abstenu dans le premier vote, a été présidée par moi, et a fait le rapport ci-joint, signé par MM. le baron de la Rochette, le baron de Pierres, Daru, le comte de Morny, le duc d'Albufera, Lecouteulx, Ferdinand Barrot, de Boureuille, Monny de Mornay, Rouher, Achille Fould, et le prince Napoléon.

Votre Majesté y verra l'opinion émise par la division des haras en 1855, demandant des réformes analogues à celles que nous proposons. L'opinion de ce service témoigne de la facilité d'appliquer nos conclusions, et nous fait regretter que son chef ait depuis modifié ses convictions.

Je dois être auprès de Votre Majesté l'organe de toute la commission, et, j'ose le dire, de la grande majorité du pays que cette question intéresse vivement, en suppliant l'Empereur de faire cesser les indécisions.

Un grand nombre de commissions se sont déjà réunies; l'opinion publique a été éclairée; bien des volumes ont été écrits pour ou contre les différents systèmes. Il est indispensable que le Gouvernement s'arrête à un parti nettement défini, et qu'il y persévère. Le temps de l'étude et de la discussion est passé, celui de l'action est venu.

Veuillez agréer, Sire, l'hommage du profond et respectueux attachement avec lequel je suis,

De Votre Majesté,

Le très-dévoué Cousin,

Le Président de la commission des haras,

NAPOLÉON (Jérôme).

Paris, le 10 novembre 1860.

RAPPORT A S. A. I. LE PRINCE NAPOLÉON,

PRÉSIDENT DE LA COMMISSION HIPPIQUE,

AU NOM DE LA MAJORITÉ, RÉUNIE SOUS LA PRÉSIDENCE DE S. EXC. LE MARÉCHAL MINISTRE DE LA GUERRE.

Monseigneur,

Depuis longtemps la production chevaline de la France est l'objet d'une vive polémique, d'une ardente controverse.

La direction à donner à l'administration des haras, l'importance du rôle de cette administration, son existence même, toutes ces questions s'agitent devant le pays, occupent des commissions successives, émeuvent les conseils généraux et les pouvoirs publics, excitent et soulèvent les préoccupations du Sénat et du Corps législatif, troublent et inquiètent la France agricole.

Le Gouvernement a pensé que l'heure des débats utiles et sérieux était passée, et qu'une décision était nécessaire.

Il nous demande de l'éclairer par un avis motivé.

Le donner avec netteté et précision est un devoir facile à remplir, car si, en étant séparés de nos collègues de la minorité, nous avons perdu l'autorité qui s'attache à la majorité plus nombreuse d'une commission, nous avons gagné celle qui appartient à une parfaite conformité de vues et moyens, à une réelle et compacte unanimité. Cette unanimité est d'autant plus remarquable que, représentants de l'armée ou de l'élevage, de la consommation ou de la production, nous sommes arrivés ici animés de la même pensée, mais sans engagements pris et avec une parfaite indépendance.

La nécessité de l'intervention de l'État dans l'œuvre de la production chevaline n'a été l'objet d'aucun doute parmi nous. Elle nous a paru porter avec elle tous les caractères de l'évidence.

Deux raisons capitales et connexes rendent cette intervention indispensable : l'insuffisance de la production nationale et les difficultés qu'éprouve la remonte de notre cavalerie.

Chaque année nous importons, en moyenne, toute compensation faite avec l'exportation, 11 à 12,000 chevaux, représentant en réalité une valeur de 18 millions environ.

L'administration de la remonte de notre armée pourvoit bien aujourd'hui, d'une manière suffisante et très-convenable, au besoin du pied de paix, mais toutes les fois qu'il s'agit de passer du pied de paix au pied de guerre, elle éprouve les difficultés les plus sérieuses, et n'opère cette transformation qu'en faisant appel aux chevaux de tout âge, de toute origine, et en sollicitant par tous les moyens l'introduction des chevaux étrangers. En 1830, en 1840, il en fut ainsi, et dernièrement encore, en 1859, lorsque nos relations avec l'Autriche ont commencé à s'assombrir, il a fallu, de prime abord et à tout événement, transmettre des ordres d'achat aux établissements de remonte militaires, et par tous les moyens attirer à nous les chevaux des pays voisins. Ces ordres prévoyants, et d'autant plus indispensables que l'Allemagne ne tarda pas à nous fermer ses frontières, furent nécessairement divulgués et devinrent une des premières causes de la préoccupation publique. Ils auraient pu amener une complication de la politique elle-même. On pourrait donc dire que ces difficultés de transformation sont un danger pour la paix comme pour la guerre.

S'il faut tant de prévoyance, d'habileté et de décision pour accomplir le passage du pied de paix au pied de guerre, ne doit-on pas se demander avec une certaine inquiétude comment la France suffirait aux besoins d'une guerre exigeante et prolongée ?

Il y a là une question de force et de puissance nationale qui domine tout.

Il en serait tout autrement si la France arrivait à pourvoir à tous les besoins de sa consommation ordinaire, et, de plus, à diriger vers ses frontières un certain courant d'exportation, si, en travaillant énergiquement à améliorer indéfiniment la race, en même temps qu'elle développerait le nombre dans une certaine mesure, elle faisait pénétrer les qualités, la taille et les formes nécessaires dans les rangs de l'armée jusqu'à certaines couches de la production chevaline qui en manquent aujourd'hui.

On comprend qu'alors une simple augmentation de prix ferait aisément affluer vers les dépôts de remontes tout ce qui, dans les écuries de la ferme, du commerce et des services particuliers, eût été, dans des circonstances ordinaires, enlevé par l'exportation, ou pourrait être remplacé par des chevaux inférieurs.

Cet état de choses n'est pas une utopie, c'est l'état de la production en Allemagne, et la France ne doit pas longtemps le lui envier.

La seule question à débattre (car quelques esprits d'une logique implacable désirent seuls la suppression de tous les encouragements à l'industrie chevaline), est celle de savoir quel doit être le mode d'intervention de l'État : si cette intervention doit être directe ou indirecte, ou avoir simultanément ces deux caractères.

Intervention directe. — C'est à cette dernière alternative que nous nous sommes rattachés à l'unanimité ; mais, avant de déterminer le rôle de l'intervention indirecte, hâtons-nous de dire que nous demandons, à l'unanimité, que l'État maintienne et accroisse son intervention directe, c'est-à-dire l'entretien de ses dépôts d'étalons.

C'est au nom de l'industrie privée que l'intervention directe de l'État a été attaquée ; il est nécessaire de bien définir l'industrie privée dont il peut être ici question. Ce n'est assurément pas l'industrie de la production, la grande industrie, l'industrie de tous ; car pour elle l'étalon est la matière première, et l'avoir le plus près d'elle possible, le meilleur possible, et à un prix relativement modéré, est, comme pour toutes les autres industries, le premier et le plus grand intérêt. L'industrie spéciale dont on demande l'émancipation est celle d'un petit nombre de spéculateurs sur cette matière première, qui, délivrés de la seule concurrence organisée, tendraient nécessairement ou à vendre la monte le plus cher possible, ou plutôt à réduire leurs avances en réduisant les qualités et la valeur de l'étalon. C'est l'industrie d'un très-petit nombre opposée à l'industrie de tous.

Avec cette émancipation, quelques étalonniers pourraient, sans doute, toucher un million de plus par an; mais la France, si, comme nous en avons la conviction, sa production était diminuée et appauvrie, pourrait par contre, en bien peu d'années, avoir perdu plusieurs centaines de millions.

L'industrie étalonnière n'a-t-elle donc pas d'ailleurs, lorsqu'elle n'a que des prétentions légitimes, la place où se développer et s'étendre? L'État ne veut et ne voudra posséder que la plus faible partie des étalons nécessaires à la production. L'État approuve et prime tous les étalons particuliers qui le méritent. Il ne s'arrête et surtout ne devra s'arrêter que devant l'indignité, et non devant le nombre. L'État n'a pas et n'aura jamais la pensée de créer un monopole à son profit; il aurait plutôt la pensée de s'opposer à un monopole, en maintenant le stimulant d'une concurrence que lui seul peut, dans ce cas, modérer et soutenir.

Aussi l'industrie étalonnière demande elle-même partout le maintien des dépôts de l'État, car, d'une part, les principaux éleveurs d'étalons, qui ont créé des établissements extrêmement précieux où les poulains d'élite se concentrent, grandissent et se développent sous l'influence d'un meilleur régime que celui de la ferme, sont unanimes à déclarer qu'ils ne pourraient se soutenir s'ils ne devaient compter que sur les demandes incertaines du commerce; d'un autre côté, la plupart des détenteurs actuels d'étalons approuvés, autres que les étalons de trait, se groupent volontiers autour des établissements de l'État, soit parce qu'ils élèvent eux-mêmes sans voyages, sans recherches, sans dépense instantanée, les produits de leurs juments, soit parce qu'ils profitent des habitudes et des goûts que l'État a développés autour d'eux. Ainsi la circonscription du Pin, où l'État possède 89 étalons de pur sang et de demi-sang, en compte 57 approuvés de la même catégorie, et la circonscription de Saint-Lô, où l'État en possède en ce moment 101, en compte 99 entre les mains des particuliers. Il n'y a donc pas de concurrence fâcheuse et nuisible de la part de l'État, mais au contraire aide et concours à l'industrie légitime et sérieuse. Les étalonniers des races de trait eux-mêmes ne suffisent pas à refouler les reproducteurs des races de trait, nomades et tarés, dont la Belgique infeste les Ardennes et l'est de la France, aussi bien qu'à soutenir la race percheronne.

Les races bretonne et boulonnaise ne doivent leur situation plus prospère qu'au concours des haras.

Plusieurs départements, notamment l'Isère, l'Aisne et le Bas-Rhin, offrent en vain aux particuliers des remises de 15 à 1,800 francs sur le prix des étalons, et des primes annuelles de 600 francs à ajouter à la prime donnée par l'État. Les races de trait elles-mêmes sont donc incapables de se soutenir par leur propre force.

Ce serait à tort qu'on nous opposerait l'exemple d'autres nations où les choses ne se présentent pas ainsi, de l'Amérique où la richesse mobilière s'est généralisée d'une manière merveilleuse, où les exploitations peuvent s'étendre à peu de frais sur des espaces infinis ; de l'Angleterre, où la propriété est concentrée dans des mains riches et puissantes, où l'aristocratie territoriale, avec une habileté et un dévouement qui l'honorent, retient souvent pour elle le rôle du désintéressement et du sacrifice. En France, nous le savons tous, le capital agricole est très-faible, la propriété est très-divisée; la culture, dans les pays d'élevage surtout, est modelée sur la propriété, c'est-à-dire fort restreinte.

Des propriétaires de 6 à 7 hectares, en moyenne, peuvent bien former un peuple d'agriculteurs capables d'obtenir par la sobriété et le travail un grand produit du sol, former une nation de citoyens intelligents se préservant à merveille des utopies et des témérités, sachant trouver sa voie au milieu des difficultés des révolutions, gardant fidèlement le souvenir des bienfaits qu'elle a reçus; mais leur richesse et leurs habitudes ne seront pas de longtemps encore au niveau de leur bon vouloir. Ainsi, dans la question qui nous occupe, nos éleveurs béniront à jamais l'Empire de Napoléon Ier, qui leur rendit les haras, défendront cette institution sous tous les régimes, la réclameront chaque fois qu'elle sera attaquée. Mais si les haras disparaissaient, ces éleveurs seraient incapables d'occuper dignement la place restée vacante.

Dans l'opinion de la commission, rien ne peut faire prévoir l'époque à laquelle les haras de l'État auront fait leur temps et pourront être supprimés sans inconvénients. Sans doute les générations nouvelles pourront modifier l'état de choses actuel, sans doute les haras pourront se modifier eux-mêmes, diminuer ou augmenter leur action sur quelques points, se retirer même de quelques autres; mais, comme modèle et comme concurrence modératrice, ils doivent, dans la pensée de la commission, avoir leur raison d'être et leur nécessité.

Appuyé sur ces deux moyens, l'intervention directe suffisante et l'intervention indirecte progressive, l'État aurait certainement, dans quelques années, pourvu à tous les besoins de l'armée et de la consommation, ajouté un élément nouveau à la puissance de la France et une prospérité de plus à la gloire du règne.

Nous avons été unanimes, Monseigneur, pour trouver l'intervention directe de l'État, telle qu'elle existe aujourd'hui, insuffisante; pour arriver à cette conviction, nous nous sommes inspirés de la connaissance des faits que chacun de nous possédait, de la nécessité de donner une impulsion plus énergique à la bonne production, sans oublier la glorieuse augmentation de territoire que la France vient de recevoir.

En ce moment, le rapport du nombre des étalons de l'État avec les poulinières véritablement consacrées à la reproduction est de 1/500, il est au-dessous dans beaucoup de circonstances. Cette proportion est trop faible; comme infusion de sang, elle est annihilée par trop d'éléments délétères; comme moyen d'émulation, elle est insuffisante encore.

D'un autre côté, tous les comices, toutes les sociétés agricoles, toutes les sociétés de courses, une seule exceptée, qu'elles s'occupent des courses de vitesse pour le pur sang ou des épreuves au trot pour le demi-sang, réclament une augmentation d'effectif, comme la récompense des sacrifices qu'ils ne cessent de faire.

Enfin, quarante-huit conseils généraux ont sollicité instamment cette augmentation, et ils la sollicitent en s'imposant eux-mêmes des charges importantes, car, dans la session de 1859, ils ont voté, pour subvention à la race chevaline, une somme de 590,800 francs.

Dans cet état de choses, quelque disposés que nous fussions, mus par un sentiments de conciliation, à réduire nos demandes, il nous était impossible de ne pas réclamer un accroissement dans l'effectif des haras. Nous avons fixé à 1,500 le nombre des étalons que nous voudrions voir posséder par l'État; quelques membres ont regretté que notre demande eût été ainsi réduite, un nombre supérieur trouverait en effet un très-utile emploi. Mais les convictions personnelles se sont effacées, et ici, comme sur les autres points, la commission a conservé son unanimité.

L'État possède aujourd'hui vingt-six établissements, y compris le dépôt de remonte de Paris. L'annexion de la Savoie et de Nice nécessite la création de deux dépôts pour satisfaire aux besoins de ces départements. Le dépôt de Nice desservirait en outre les départements situés sur la rive gauche du Rhône, complétement déshérités jusqu'ici. La circonscription de Cluny est beaucoup trop étendue; les réclamations du pays arrivent de toutes parts. Il serait donc indispensable d'établir, comme l'a demandé le conseil général de la Nièvre, qui se charge de fournir les bâtiments, un dépôt à Aulezy; il desservirait le Nivernais, dont la population chevaline est importante et offre, sous tous les rapports, des ressources considérables. A l'unanimité, le rétablissement du dépôt de Bonneval est appelé à rendre de grands services dans le Perche, dont la race si précieuse dégénère depuis quinze ans surtout. Ces quatre créations nouvelles élèveront le nombre des établissements de l'État au chiffre de 30, qui était celui de 1806, époque à laquelle la population chevaline de l'Empire était bien moins nombreuse.

A l'administration seule appartient le soin de fixer la proportion de chaque catégorie de reproducteurs.

Cette proportion doit varier selon le climat, le sol et les besoins des diverses contrées; cependant la commission pense qu'en raison du nombre des étalons de pur sang appartenant à l'industrie privée, celui de 350 serait suffisant pour les races pures propriété de l'État. Le pur sang arabe et anglo-arabe devrait être augmenté toutes les fois qu'il serait possible d'introduire des producteurs de premier mérite; mais c'est spécialement à l'étalon de demi-sang et de trait amélioré que devrait s'appliquer l'augmentation. En effet, ces deux espèces sont les mieux appropriées à la fécondation du plus grand nombre des juments; ce sont elles qui contribueront à l'extension de la production du cheval de service, indispensable au commerce et à la défense nationale.

La commission a été unanime sur l'utilité des jumenteries entretenues par l'État. Il est vivement à regretter que celle du Pin, naguère si florissante, ait été detruite. Pour la rétablir il faudra demander au commerce les étalons nécessaires, et, lorsqu'on rencontrera exceptionnellement les types accomplis, indispensables pour servir de base, il faudra réserver à l'État une partie de leurs produits et se garder de les livrer exclusivement à la production privée; leur sang généreux et leurs formes précieuses sont des richesses dont on devra se montrer jaloux. On créera avec eux une pépinière d'animaux irréprochables qui rendront les plus grands services. C'est ainsi que Sa Majesté avait paru comprendre la question dans la commission de 1859.

Pour une production maintenue rigoureusement dans des limites très-restreintes, les frais deviennent une question bien peu importante.

Nous en convenons, toutefois, l'entretien des jumenteries serait chose assez dispendieuse, mais les avantages qu'elles offriraient seraient une large compensation. En effet, créer des étalons de pur sang qui réunissent toutes les qualités désirables, la force jointe à l'élégance, et par-dessus tout la fixité de ces qualités si fugaces, ne serait-ce point avoir résolu le problème? D'ailleurs, mettons en ligne de compte les sommes énormes que nous portons à l'étranger pour nous procurer les reproducteurs de premier ordre, soit anglais, soit arabes, et nous y trouverons tout à la fois économie et satisfaction d'amour-propre national.

La commission pense donc qu'une jumenterie composée dans l'avenir de 20 juments de pur sang anglais serait utilement placée au Pin. Le haras de Pompadour devrait entretenir 40 juments de pur sang anglo-arabe. Les renseignements si lucides et si pleins d'intérêt qui lui ont été donnés avec tant de bienveillance par S. Exc. le maréchal ministre de la guerre ont engagé la commission à émettre le vœu qu'une jumenterie de pur sang arabe fût établie en Algérie;

elle a pensé que cette création s'y trouverait dans des conditions de sol et de climat qui devraient nécessairement assurer sa prospérité.

Ces établissements modestes auraient un double but : celui de produire des animaux exceptionnels et d'offrir en même temps les modèles de bonne production au lieu de lui faire concurrence; ils seraient un encouragement utile pour l'industrie privée.

En principe, l'État ne doit pas entretenir de dépôts de poulains. Ses acquisitions doivent se faire à l'âge de 4 ans. Cependant, par exception, et quand les circonstances l'exigeraient, il faudrait que l'administration, libre des liens qui peuvent l'entraver, eût la faculté de prendre à cet égard des mesures qu'elle jugerait favorables à l'amélioration.

Intervention indirecte. — Le rétablissement de l'école des haras est de toute nécessité; c'est le seul moyen d'organiser un corps de doctrines qui puisse être professé d'une manière homogène; c'est le seul moyen de créer pour cette administration des officiers capables et à la hauteur de la mission qui leur est confiée. Elle aurait l'avantage de vulgariser la connaissance du cheval. Pourquoi, d'ailleurs, refuser à l'étude si complexe de la science hippique ce qui se fait pour l'étude des mines, des forêts et des ponts et chaussées? Pénétré de l'utilité de l'école des haras, le gouvernement russe n'a point hésité à en établir une dans le même moment où celle du Pin était supprimée *par voie d'économie :* elle coûtait à l'État 14,000 francs.

Les courses de chevaux doivent être encouragées par l'État pour le pur sang anglais; elles sont le moyen le plus certain de reconnaître et de prouver la supériorité des animaux reproducteurs propres à améliorer les espèces, et quant à la vitesse et au fond se joignent la régularité et l'élégance des formes, l'animal se trouve classé au premier rang.

La commission pense que le règlement actuel des courses exigerait certaines modifications. Ainsi, convaincue des dangers que présentent les courses à l'âge de 2 ans et l'entraînement qui les précède, elle voudrait que tout programme où des courses de cette nature sont indiquées fût exclu de l'approbation ministérielle. Quelques-uns de ses membres, pénétrés du dommage que ces épreuves prématurées peuvent causer à l'amélioration, ont exprimé le désir que le cheval ayant couru à l'âge de 2 ans ne puisse plus concourir pour les prix donnés par l'État. La commission a reculé devant la rigueur de cette dernière mesure; toutefois, elle ne saurait trop appeler l'attention du Gouvernement sur l'avantage qu'il y aurait à encourager plus spécialement les courses de chevaux de 4 à 6 ans. A cet âge, leurs forces sont développées, leur constitution peut supporter les efforts auxquels ils sont soumis; leur vitesse est moindre, mais leur résistance est plus grande. Du reste, l'Angleterre, qui nous a servi d'exemple et dont l'expérience peut être invoquée à juste titre, reconnaît aujourd'hui les inconvénients que nous venons de signaler.

Les races nouvelles doivent avoir leurs épreuves : pour les chevaux de demi-sang, elles consisteront en courses avec obstacles et en courses au trot; il y a nécessité à les rétablir; nous voudrions que les étalons de demi-sang livrés à la production pussent être soumis à ces épreuves, et, pour arriver progressivement à ce but, nous engagerions l'administration à choisir, à mérite égal, ceux qui les auraient subies, et même à les payer plus cher. Ce serait le moyen de former tout à la fois des hommes de cheval et d'obtenir un élevage fait dans de meilleures conditions.

Quant à la proportion à établir entre les courses destinées aux chevaux de pur sang et celles concernant les autres races, tout est fait d'un côté, tout est à faire de l'autre. Les courses pour les chevaux de pur sang ont pris un grand développement, grâce au concours de l'État, des conseils généraux et de toutes les sociétés hippiques, et elles ont, dans certaines régions, propagé le goût et l'habitude du cheval; elles ont favorisé la production des animaux de race pure. Mais la commission pense que la subvention accordée par l'État est pleinement suffisante. Il faut maintenir ce qui a été fait. En restant dans ces limites l'État se montrera tout à la fois conservateur et modérateur.

Pour les chevaux de demi-sang, la commission voudrait que ces encouragements fussent augmentés progressivement, sans dépasser toutefois le chiffre de 200,000 francs.

Sans aucun doute, les primes aux reproducteurs de l'espèce chevaline constituent un mode d'encouragement utile et efficace; dans le Nord comme dans le Midi, dans l'Est comme dans l'Ouest, il aura les plus heureux résultats. Nous demandons à l'administration de lui faire la part la plus large possible; c'est un des moyens les plus actifs pour développer l'industrie privée. Cependant cette augmentation doit être progressive. Il n'est pas, dans l'état actuel, nécessaire d'augmenter les animaux de pur sang anglais. Les courses sont un encouragement qui leur vient en aide. Quant aux chevaux arabes et anglo-arabes qui n'y participent point, il est juste de leur donner une compensation.

Il y a nécessité d'attacher au sol les juments par des primes, et de s'opposer ainsi à leur éloignement. Il ne faut donc pas songer à restreindre ces primes; il faut que les juments de demi-sang et de trait reçoivent des subventions plus larges que celles qui leur sont accordées actuellement. C'est là surtout que nous trouverons les moules nécessaires pour une production progressive et améliorée.

Ainsi donc, pour résumer, la commission croit qu'il serait convenable de fixer les primes aux étalons :

Pur sang	500 à 1,200	francs.
Demi-sang	400 à 1,000	
Trait	300 à 600	

Elle pense qu'il faut maintenir pour les juments de race pure la somme actuelle de 100,000 francs, et pour les juments de demi-sang et de trait arriver progressivement et par annuité à celle de 200,000 francs.

L'administration des haras « *a toujours été désireuse de voir augmenter d'année en année le nombre des étalons particuliers approuvés, afin d'accroître, au moyen de ces utiles auxiliaires, la force d'action qu'exerce le service des haras. C'était pour elle une nécessité, puisqu'elle ne peut intervenir, dans la situation qui lui est faite, qu'avec le dixième environ du nombre des étalons indispensables à la production annuelle du pays.* »

Ces lignes sont textuellement extraites d'une circulaire adressée à MM. les officiers des haras par l'administration. C'est bien la réponse à faire à ceux qui ne cessent de répéter que l'administration veut créer un monopole et tout accaparer.

Les écoles de dressage doivent être encouragées; le meilleur mode est de les subventionner. De cette manière, on associe l'industrie privée à ces institutions, et on diminue les frais à la charge de l'État. Du reste, les subventions accordées à celles existantes paraissent suffisantes. Il serait peut-être convenable d'en établir un plus grand nombre, surtout dans les pays où l'on élève le cheval de service. Ces écoles auraient le double avantage de former des hommes et de ranimer le commerce.

Réglementation de l'industrie. — En Prusse, en Allemagne, en Autriche et en Belgique, l'industrie chevaline est réglementée. Chez nous, les bases sur lesquelles reposent les droits de la propriété s'y opposent. A diverses époques, des projets tendant vers le même but ont été présentés, mais en vain. Le Gouvernement a toujours reculé devant la crainte de porter atteinte à la propriété, et nous l'en félicitons. Ce grand principe doit être respecté. Quoi qu'il en soit, nous voyons entrer dans nos départements frontières, du côté de la Belgique surtout, des reproducteurs qui, chassés de leur pays, viennent au nombre de 350 à 400 détériorer nos races du Nord et de l'Est.

Ne pourrions-nous pas, sans blesser le droit international, exiger d'eux la patente de santé qu'ils n'ont pu obtenir dans leur pays? Les conseils généraux des départements du Nord et de l'Est ont en vain demandé cette mesure, qui n'aurait, ce nous semble, rien de bien rigoureux.

Nous ne pensons pas qu'il y ait rien à faire pour les droits de douane; ils ont été diminués, et, tels qu'ils existent, ils ne paraissent pas onéreux. Ils sont descendus au prix que recevrait le fraudeur, et ils ont l'avantage de permettre la constatation du nombre des entrées.

Question militaire. — L'administration de la guerre accomplit de la manière la plus complète et la plus favorable le rôle qui lui est attribué par rapport à l'industrie chevaline. Elle s'éloigne le moins possible de la fixité et de la permanence des achats, ce qui est tout à la fois pour elle une sécurité. Elle est entrée dans la voie que le pays entier lui indiquait. Elle paye plus cher, elle a soin de ne pas faire concurrence au commerce. L'hygiène des chevaux appartenant à la guerre a été soumise aux modifications les plus salutaires; les écuries sont plus spacieuses et plus salubres, le chiffre de la mortalité a diminué d'une manière notable. La commission pense qu'il y aurait inconvénient à changer l'âge pour les achats; elle ne croit pas que l'acquisition du cheval de cinq ans concoure au développement de la castration dans le jeune âge. D'ailleurs, la guerre achète de préférence le cheval à cet âge; mais s'il fallait en faire une règle inflexible, la dépense serait d'autant plus considérable que l'État ne trouverait pas la compensation que l'on se croit en droit d'attendre; même à cinq ans le cheval ne pourrait entrer en rang avant six mois de préparation, c'est du moins ce qui résulte des explications données à la commission par S. Exc. M. le maréchal ministre de la guerre, dont la haute expérience est appréciée de tous, et qui nous a exprimé le désir de prendre les mesures bonnes à maintenir les excellents rapports qui existent entre le corps de la remonte et les éleveurs de chevaux.

Le budget que nous demandons découle naturellement des propositions que nous avons admises. Échelonnées sur quatre années, les augmentations de dépenses n'amèneraient un budget normal qu'en 1864, car, en 1863, il y aurait encore lieu à un crédit extraordinaire pour l'achat des étalons nouveaux. Nous établirons les demandes de la commission dans un tableau qui sera joint au rapport, mais nous devons dire qu'elles se résument, en 1860, par une augmentation de 516,000 francs sur les propositions du budget; en 1861, par une augmentation de 866,000 francs; en 1862, par une augmentation de 1,124,000 francs. Il faudrait de plus, pendant ces quatre années, un crédit extraordinaire de 275,000 francs pour achat de 200 étalons et de 20 juments destinées, à mesure qu'elles se présenteraient, à former la jumenterie du Pin. Le chiffre de cette augmentation de crédit serait atténué par le retour au Trésor du prix de saillie de 200 étalons nouveaux.

Avec cet accroissement apparent de 1,396,000 francs, réel de 1,250,000 francs environ, l'État aurait assuré le meilleur recrutement de ses haras, dont les remontes ne sont pas payées aujourd'hui un prix suffisant; il aurait augmenté son effectif de 200 têtes; il aurait reconstitué, si cela est possible, au haras du Pin, cette jumenterie modeste, quant au nombre, mais si précieuse quant à ses résultats, et dont la dispersion a été accueillie par toute la Normandie comme un malheur public; il aurait créé des courses au trot et des épreuves pour les chevaux de demi-sang, accru considérablement les primes aux poulinières, créé une école des haras, doté les concours régionaux hippiques; il aurait, en un mot, donné satisfaction, dans la mesure qui nous a paru suffisante, à toutes les demandes légitimes et fondées.

Nous n'avons, Monseigneur, porté aucun crédit pour l'appropriation ou la construction des bâtiments. Nous avons pensé que les départements pourraient y pourvoir sur leurs ressources, en compensation des avantages nouveaux qui leur seraient assurés et à raison des besoins dont leurs conseils se sont rendus les organes. Il est juste que, dans une certaine proportion, ils viennent en aide aux sacrifices de l'État.

L'administration des haras, rassurée sur son avenir, consolidée, agrandie, devrait reprendre aux yeux de tous son ancien prestige; ce prestige tourne au profit de son influence et de ses moyens d'action.

Pour cela, trois choses sont nécessaires: l'autorité et la dignité du chef; l'esprit de discipline et de tradition dans l'administration; les conseils désintéressés.

La dignité du chef, l'expérience du passé le démontre, tout en maintenant l'esprit de soumission et de hiérarchie vis-à-vis du ministre, accroît le pouvoir et la responsabilité, deux causes de succès; elle assure aussi la déférence et le zèle des subordonnés.

L'esprit de tradition serait représenté par le conseil permanent des inspecteurs, qui a longtemps existé au grand profit de l'administration et n'a disparu que depuis que l'administration elle-même était devenue inquiète et chancelante.

Les conseils désintéressés seraient obtenus d'une commission supérieure peu nombreuse, dévouée à son œuvre et choisie en dehors de tout esprit de système.

Cette organisation contribuerait aux yeux de la commission à rétablir partout la confiance dans l'avenir et à rendre à une administration importante la position qui lui convient.

Nous avons terminé notre tâche, mais M. le maréchal qui nous préside n'a pas terminé la sienne. Nous lui livrons avec bonheur nos demandes et nos vœux; nous le prions de les faire valoir auprès du Prince qui nous a fait l'honneur de présider au début de nos travaux; nous le prions de les porter au pied du trône.

Il voudra bien dire à l'Empereur que nos campagnes si fidèles et si dévouées, que toute notre agriculture attendent sa décision comme un immense bienfait.

Il dira à Sa Majesté que cette œuvre de régénération, de progrès, de grandeur nationale est digne d'elle, et que, si elle en a accompli de plus grandes pendant la paix, elle n'en a pas accompli de plus désirées, de plus sympathique au pays et de plus populaire.

Les membres de la majorité de la commission hippique, réunis sous la présidence de S. Exc. le maréchal Randon :

Signé : E. Geoffroy de Villeneuve, H. de Saint-Germain, le comte de Kergorlay, le marquis de Croix, de Caulaincourt, Werlé, le général de Brancion, comte de Tromelin, de Goulhot de Saint-Germain, A. de Baylen, Vuillefroy, A. Roques, maréchal comte Randon.

RAPPORT

DE LA MINORITÉ DE LA COMMISSION DES HARAS.

Monseigneur,

Nous avons l'honneur de remettre à Votre Altesse Impériale le rapport de la partie de la commission (1) des haras qu'elle a bien voulu présider.

La question des haras, comme on l'appelle, serait l'objet d'une controverse moins longue et moins vive, si, au lieu de l'examiner au point de vue de certains intérêts et de chercher à la résoudre par des expédients ruineux, on se bornait à appliquer les principes économiques les plus simples. L'industrie chevaline n'échappe pas aux lois qui régissent les autres. Pour être assurés et permanents, ses succès et sa prospérité doivent reposer sur les bases d'une liberté et d'une indépendance complètes.

A la faveur de cette liberté, l'Arabie, l'Angleterre, l'Amérique produisent les meilleurs chevaux connus, et la France elle-même voit se développer la plupart des branches de sa production animale.

Peu ou pas encouragées par l'État, nos races de trait sont cependant les plus florissantes de toutes ; avec leurs seules ressources elles trouvent moyen de satisfaire aux besoins, si exigeants qu'ils soient, de la consommation, et, l'année dernière, l'artillerie a acheté avec la plus grande facilité tous les chevaux nécessaires pour sa mise sur pied de guerre.

C'est surtout dans l'intérêt des remontes de la cavalerie que l'État intervient directement dans la production chevaline ; c'est pour assurer et améliorer ses remontes qu'il achète au commerce, entretient des

(1) Membres de cette partie de la commission :

S. A. I. le Prince Napoléon, président ; LL. EExc. MM. Achille Fould, Rouher, le comte de Morny ; MM. Ferdinand Barrot, le duc d'Albuféra, de Bourreuille, le vicomte Daru, le baron Lecouteulx, le baron de Pierres, de Monny de Mornay ; le baron de La Rochette, rapporteur.

dépôts et met à la disposition du public, moyennant un prix de saillie modique, un certain nombre d'étalons. Introduite à une époque où la richesse mobilière était très-restreinte, l'industrie dans l'enfance, cette organisation ne saurait constituer un état de choses normal. Elle est d'ailleurs bien loin d'avoir l'efficacité qu'on lui attribue souvent.

En effet, le cheval propre à la cavalerie ne peut pas être produit spécialement pour la guerre. Il rentre dans la classe des chevaux de luxe et de commerce, et il n'y a qu'une consommation plus large de cette espèce de chevaux qui puisse assurer d'une manière plus certaine le service des remontes. Si cette consommation n'existe pas, on ne gagnera rien à stimuler artificiellement la production, en offrant aux éleveurs la saillie des étalons de l'État, même au prix le plus modique.

Pour l'éleveur qui a la jument propre à faire naître un bon cheval de service, les moyens de l'élever et la perspective de le vendre avec bénéfice, la perte que l'État consent à subir sur la saillie de ses étalons est une prime superflue. Si, au contraire, les conditions d'une bonne production n'existent pas, la saillie à bon marché ne sera que le premier acte de la création d'un mauvais cheval.

L'éleveur devient exigeant, parce qu'il attend tout de l'étalon de l'État; insouciant et parcimonieux, parce qu'il ne sent pas la nécessité de consacrer ses soins et son argent à la mise en œuvre d'une matière première qu'on lui a offerte au rabais. Laissez-le payer la saillie ce qu'elle vaut, il saura faire de nouvelles avances pour ne pas perdre celles que son intérêt bien entendu lui aura d'abord conseillé de faire, et ne reprochera plus à l'administration les tristes résultats de sa propre incurie.

Ce sont, en général, les mêmes personnes qui, par une singulière contradiction, demandent l'augmentation du nombre des étalons de l'État, tout en se plaignant de leur qualité, et en ne s'entendant pas entre elles sur l'espèce de reproducteurs à employer. Chargés de la responsabilité de l'amélioration, les haras doivent satisfaire tout le monde: les producteurs d'étalons qui n'en vendent jamais assez, ni assez cher, et les détenteurs de juments mécontents de la qualité des reproducteurs qu'on leur fournit. Les demandes abondent et les plaintes aussi: chacun invoque le droit à l'étalon et tous les droits qui en dérivent, et s'en remet à l'État de discerner et de faire ce qui convient à ses goûts et à ses intérêts. Il n'y a pas de budget assez large, d'administration assez habile pour suffire à une pareille tâche. La liberté de l'industrie a seule le privilége de satisfaire à tous les besoins.

Les haras ne sauraient avoir d'autre but que celui de préparer le pays à cette liberté. Ils trouveraient les moyens d'y parvenir dans les dispositions mêmes du décret constitutif de 1806. Préoccupé de grands besoins militaires, auxquels l'industrie de l'époque ne pouvait donner satisfaction complète et immédiate, Napoléon Ier ordonna la formation d'un certain nombre de dépôts d'étalons entretenus par l'État; mais en même temps il chargeait l'administration d'encourager par des primes annuelles les meilleurs étalons appartenant à des particuliers et entretenus par eux, et ne fixait pas de limites au crédit spécialement applicable à ces encouragements. C'était à la fois prévoir et assurer l'émancipation de l'industrie. Sincèrement protégée, efficacement encouragée, elle se fût mise peu à peu à la hauteur de son rôle, et, grâce à ses progrès, l'intervention directe de l'État dans la production eût pu s'amoindrir par degrés, et finir par disparaître tout à fait.

Mais l'arme avec laquelle l'administration devrait se détruire elle-même n'est pas sortie du fourreau; jamais l'intervention indirecte n'a reçu les développements qu'elle comporte, et on ne compte encore aujourd'hui que 600 étalons approuvés chez les particuliers, tandis qu'il y en avait 2,124 en 1789.

Par contre, l'effectif des étalons de l'État est aussi considérable qu'à aucune autre époque; il a augmenté de 55 chevaux depuis l'année dernière, et l'administration semble ne voir le progrès que dans de nouvelles augmentations qu'elle réclame avec instance.

C'est là une grave erreur; pour servir utilement le pays il faut suivre une marche toute contraire, parfaitement tracée dans un livre publié en 1848 par l'inspecteur général qui dirigeait alors l'administration.

« Les haras doivent favoriser partout le développement de l'industrie, et s'efforcer de creuser chaque jour leur tombeau. On l'a dit avec raison : la mort des haras sera leur triomphe; ils n'auront atteint leur but que lorsque, mettant un terme aux sacrifices de l'État, ils seront parvenus à se rendre inutiles.....; leur vie ne doit pas être éternelle, il faut la leur souhaiter courte et bonne, et nous travaillerons de toutes nos forces à rendre leur fin aussi prochaine que possible. » (*La France chevaline*, page 339.)

Intervention directe. — L'État intervient directement dans la production en entretenant, dans vingt-six dépôts environ, 1,300 étalons. Pour se rendre compte de la dépense réelle qu'ils occasionnent, il faut recourir à plusieurs budgets différents. Quelques-uns des bâtiments appartiennent aux départements ou aux communes, qui les entretiennent sur leurs ressources propres. Les autres sont à l'État et ressortissent du service des bâtiments civils. Les frais du personnel, ceux d'entretien et de renouvellement des chevaux, sont imputés sur les fonds du ministère de l'agriculture et du commerce.

Enfin il faut tenir compte, d'une part, du loyer des immeubles occupés par l'administration, et dont la valeur vénale paraît supérieure à 8 millions de francs; d'autre part, des intérêts de la valeur des étalons, qui, estimés à la moitié seulement de leur prix d'achat, représentent un capital réalisable de 2,300,000 francs.

Nous avons laissé de côté les dépenses de l'administration centrale dont l'existence n'est pas subordonnée à celles des dépôts d'étalons. Nous avons également dû omettre les frais d'installation du dépôt des remontes au bois de Boulogne. Cette construction, qui ne coûtera pas, y compris le terrain, moins de 400,000 francs pour loger quatre ou cinq étalons, s'élève, sans déboursés apparents, au moyen de la revente d'une partie du terrain, cédé à l'administration par la ville de Paris.

En relevant la dépense faite pendant les dix dernières années pour les étalons de l'État, on trouve qu'elle a été en moyenne :

Service des haras et dépôts	1,742,466
Renouvellement des étalons	553,686
Service des bâtiments civils	42,000
Fonds départementaux	86,850
Fonds communaux	46,910
Intérêts de 8,000,000 de francs d'immeubles	400,000
Intérêts d'une valeur de 2,300,000 francs en étalons	115,000
TOTAL	2,986,912

Cette moyenne des dix dernières années est un peu inférieure à la dépense actuelle, qui a été pour 1859 de 3,058,948 francs, et qui sera pour 1860 de 3,034,000 francs.

Cette somme deviendra bientôt elle-même insuffisante par suite du mauvais état des bâtiments qui nécessitera des travaux coûteux.

Le produit de la monte et les autres produits accessoires versés au Trésor, s'élevant à environ 600,000 francs, réduisent la dépense nette des établissements de l'administration à 2,400,000 francs.

L'effectif des étalons étant de 1,500, l'entretien de chacun d'eux coûte un peu plus de 1,800 francs par an.

D'un autre côté, le nombre des juments qui leur ont été livrées en 1859 ayant été de 62,000, on voit que le sacrifice que l'État s'impose pour la saillie de chacune d'elle est de 39 francs, auxquels il faut ajouter les 8 francs payés en moyenne par l'éleveur, pour avoir le prix de revient de la saillie, qui est de 47 francs.

Nous ne croyons pas que dans aucun pays où l'industrie étalonnière s'exerce librement, elle exige un prix moyen aussi élevé, et il nous paraît certain qu'en France elle se contenterait d'une rémunération beaucoup moindre.

Aussi, en substituant à sa propre action celle de l'industrie, même largement subventionnée, l'État pourrait rendre beaucoup moins lourdes les charges imposées à la masse des contribuables, en faveur de ceux d'entre eux qui entretiennent des poulinières, sans mettre pour cela ces derniers dans la nécessité de payer la saillie un prix au-dessus de leurs forces.

Néanmoins, il y a eu, dans ces derniers temps, un grand nombre de pétitions et de vœux en faveur de l'augmentation des établissements de l'État. On devait s'y attendre. Lorsqu'une administration comme celle des haras croit son existence menacée ou veut augmenter son importance, elle n'a pas de peine à obtenir de l'industrie, sur laquelle elle exerce un vaste patronage, des manifestations conformes à ses désirs. En annonçant l'intention d'accroître son effectif et ses remontes, de porter de 500,000 francs à 750,000 francs les achats de reproducteurs qu'elle fait chaque année dans certains départements, elle s'assure un appui considérable dans le Corps législatif et les conseils généraux, elle s'attire des offres de concours en échange des avantages qu'elle laisse espérer, et l'on n'entend que des voix favorables à ses projets.

Mais l'examen des faits démontre l'inutilité des augmentations qu'on propose.

Nous tenons pour certain qu'une inspection sérieuse trouverait dans les dépôts un assez grand nombre d'étalons médiocres, et quelques-uns tout à fait mauvais. Avant de songer à augmenter l'effectif il faudrait d'abord pouvoir l'entretenir au degré de perfection désirable.

D'un autre côté, les services que le public demande aux étalons de l'État sont loin d'excéder leurs forces. La moyenne des saillies par cheval, après avoir atteint le chiffre de 59, et avoir été, en moyenne, de 52 depuis dix ans, est descendue l'année dernière à 49. Il n'y a aucune raison d'augmenter à grands frais une force dont une partie reste sans emploi.

Enfin, notre production chevaline a fait, depuis quinze ans, d'incontestables progrès. Les états de douane constatent que l'excédant de nos importations sur nos exportations, après avoir été, en moyenne, de 16,500 chevaux de 1844 à 1850, s'est abaissé à 13,800 de 1851 à 1857. Nos races de trait fournissent en abondance à tous les besoins; et la cavalerie, très-facilement remontée sur le pied de paix, a pu, pour la première fois, trouver, en quelques mois de l'année dernière, 19,000 chevaux pour passer au pied de guerre, et aurait pu en trouver davantage.

Tous ces progrès, qui eussent été plus grands et plus rapides sous l'influence d'une plus grande liberté de l'industrie, se sont accomplis sans augmentation du nombre des étalons de l'État. Les faits confirment les principes et prouvent que cette augmentation n'est pas la condition du développement de la production. Elle serait non-seulement inutile, mais dangereuse, et n'aurait d'autre résultat que d'engager plus avant l'administration dans une voie mauvaise, et de la pousser, au prix de sacrifices sans cesse croissants, vers un but impossible à atteindre.

L'État, en effet, ne peut pas tout faire. Ses 1,300 chevaux ne forment guère que le dixième des étalons nécessaires pour le service de la monte dans toute la France. La grande masse de notre population chevaline reste donc en dehors de l'action directe de l'administration, et c'est l'industrie privée qui pourvoit à son renouvellement.

Or, cette industrie ne peut vivre, prospérer et améliorer ses moyens de production que si elle obtient pour les services qu'elle rend des prix rémunérateurs. En rencontrant sur le marché un concurrent comme l'État, qui fournit à perte aux besoins de la meilleure clientèle, elle trouve un obstacle sérieux et d'autant plus nuisible que la concurrence sera plus étendue. Chaque augmentation de l'action directe de l'État ne peut manquer d'aggraver la situation de la masse des éleveurs, auxquels elle ne laisse d'autre ressource qu'une industrie devenue plus impuissante, et d'amener à la suite des plaintes et des réclamations que l'on ne peut satisfaire que par des augmentations nouvelles.

Pour ne pas être conduit à tout faire, à assumer tout entière la responsabilité de la production, l'État, loin d'augmenter l'action de son intervention directe, doit la restreindre et tendre à la supprimer.

Dans certains départements, où les juments sont nombreuses, les prix de saillie rémunérateurs, les primes d'approbation largement accordées, on voit prospérer un certain nombre d'étalons particuliers, même dans le voisinage des établissements de l'État. On peut juger par là du développement que prendrait l'industrie si elle trouvait le terrain libre.

Pour nier la possibilité de ce résultat, on exagère volontiers la rareté et la valeur des étalons nécessaires pour l'atteindre. Il semble que, pour obtenir de bons chevaux de service, il faille des reproducteurs hors ligne, des types, comme on les appelle, dont la saillie aurait une valeur industrielle hors de toute proportion avec celle du produit à en attendre.

Cette prétendue contradiction économique, souvent invoquée en faveur de l'intervention directe de l'État, est purement imaginaire. Les étalons d'un prix élevé ne sont pas la règle, mais l'exception. Ils ne sont indispensables que pour féconder un nombre restreint de juments ayant elles-mêmes une grande valeur, et maintenir la race pure dans toute sa perfection. On ne gagnerait rien à les détourner de cette destination spéciale pour les appliquer directement à la production du cheval de service. Livrés aux poulinières de nos races usuelles, ils ne donnent pas de meilleurs résultats que les étalons beaucoup moins rares et moins chers qui suffisent pour le croisement.

Il est, du reste, facile de mesurer par des chiffres l'étendue des besoins à satisfaire.

En relevant les prix d'achat des étalons de l'État on trouve les résultats suivants :

ÉTALONS.	NOMBRE.	VALEUR moyenne.
Au-dessus de 40,000 francs	1	113,764f
De 30,000 à 40,000 francs	4	35,000
De 20,000 à 30,000 francs	3	24,175
De 10,000 à 20,000 francs	21	13,463
Au-dessous de 10,000 francs	1,117	3,335
Élevés ou reçus en dons par les haras	125	
Dont les prix n'ont pas été indiqués	40	
TOTAL	1,311	

Les reproducteurs d'un prix très-élevé constituent donc, dans les dépôts de l'administration, une exception assez rare. Leur nombre est cependant plus que suffisant. Plusieurs d'entre eux, faute de trouver un emploi normal, sont livrés sans aucun avantage à des juments communes. L'industrie privée, qui possède déjà quelques étalons valant de 30 à 100,000 francs, et qui paye 15 et 20,000 francs des juments poulinières, ne resterait donc pas pour ce besoin spécial et restreint au-dessous de la tâche qu'elle aurait à remplir.

Quant à l'immense majorité des étalons qui peuplent les dépôts de l'État, le prix de 3,335 francs qu'ils coûtent, en moyenne, n'est point un capital au-dessus des forces de la richesse mobilière du pays. L'industrie mulassière entretient sans aucune subvention des reproducteurs d'une valeur analogue. Encouragée par des primes, l'industrie chevaline se procurerait plus facilement encore ceux dont elle a besoin. Elle saurait, aussi bien et mieux que l'administration, les trouver là où on les élève et les payer le prix qu'ils valent. La liberté et la publicité des transactions, le jeu naturel de la concurrence sur un grand marché, offrent, à cet égard, plus de garanties que les choix administratifs les plus consciencieux. Enfin, la solidarité qui unit les diverses branches d'une même industrie écarte la crainte chimérique de voir l'industrie étalonnière n'user de la liberté que pour substituer un monopole à un autre, et ruiner, par la mauvaise qualité de ses reproducteurs ou le prix exagéré de leurs services, les détenteurs de juments sans lesquels elle ne peut vivre.

Chargé de pourvoir lui-même à ses besoins, le pays saura les discerner et les satisfaire, et trouvera sans peine dans ses goûts et ses intérêts la solution de toutes ces questions de prédominance de race que la lutte des intérêts et des influences ne parviendrait jamais à résoudre.

En résumé, la suppression de l'intervention directe de l'État dans la production nous semble une condition du progrès véritable, et nous croyons qu'il conviendrait de la décider en principe et de préparer résolûment l'avénement d'un ordre de choses plus conforme aux idées de notre époque et moins onéreux pour le budget.

Jumenteries. — Si l'État ne doit pas entretenir d'étalons, il doit encore bien moins en élever lui-même. Telle est cependant aujourd'hui la destination du haras de Pompadour, telle a été, jusqu'en 1852, celle du haras du Pin.

En introduisant en France, en 1821, un peu après MM. le duc d'Escars et le duc de Guiche, les premières juments de race pure, l'administration donnait l'exemple et propageait le goût de la production du cheval de course. Quoique le prix de revient de chaque étalon de pur sang ainsi élevé par elle dépassât 15,000 francs, il était utile qu'elle fît ce sacrifice jusqu'à l'époque où une industrie, qui n'existait pas alors, serait en mesure de faire aussi bien et à meilleur marché.

En 1852 le but était atteint. Les particuliers faisaient naître chaque année plus de 200 produits de race pure, et fournissaient, moyennant un prix moyen de 5,000 francs, les étalons de cette espèce. La suppression du haras du Pin était indiquée, l'Empereur la décida.

Délivrée de toute crainte de concurrence de la part de l'État, l'industrie redoubla d'efforts et fut bientôt en mesure de répondre aux besoins du pays. Elle possède aujourd'hui plus de 800 poulinières de race pure ayant déjà donné l'année dernière plus de 500 produits. C'est en supprimant les haras de l'État, et non pas en les rétablissant qu'on obtient au profit du pays de pareils résultats; 20 ou 30 juments entretenues au haras du Pin ne sauraient rien faire dont les 800 juments de l'industrie privée ne soient capables. Elles pourraient encore moins produire à elles seules que les 2,000 poulinières de l'industrie anglaise, et dispenser le pays de tout achat à l'étranger. Le secret de faire naître à coup sûr des animaux parfaits n'est pas encore trouvé: et, si l'administration le possédait, elle ferait mieux de le livrer au public que de l'appliquer elle-même. Malheureusement, c'est poursuivre une chimère que de prétendre créer une sorte de famille accomplie, exempte de tares et de défauts, réunissant toutes les qualités, évitant toutes les imperfections et pouvant, grâce à cet heureux privilége, présenter autant de types hors ligne qu'elle compterait de sujets.

Les 12 juments du haras du Pin semblaient, en 1852, réaliser ce beau rêve. Vendues à des prix élevés à cause du prestige dont elles jouissaient, restées en France, à l'exception d'une seule, et livrées par leurs nouveaux propriétaires aux meilleurs étalons de l'administration, elles ont, depuis cette époque, produit 9 poulains mâles ayant aujourd'hui plus de quatre ans. Parmi ces poulains, 2 ou 3 ont été des chevaux de courses médiocres, mais l'administration n'en a pas trouvé un seul digne d'être acheté comme étalon.

Sur 3 poulains nés au Pin, 2 devenaient habituellement des reproducteurs. Si le haras eût continué d'exister, fût-il resté huit ans sans en fournir un seul? ou bien eût-on fait des étalons de produits médiocres, et conservé ainsi à leurs mères leur prestige trompeur d'infaillibilité?

Les raisons qui justifient si complétement la suppression du haras du Pin s'appliquent aussi à Pompadour, Il n'y a aucun intérêt à y poursuivre la création d'une race dite *anglo-arabe.* La race arabe native, ou améliorée en Angleterre, fournit des reproducteurs si éprouvés, que l'idée d'en créer de meilleurs paraît chimérique : d'ailleurs l'intervention de l'État n'est pas nécessaire ; le sang arabe et le sang anglais sont assez répandus dans le midi de la France pour que l'industrie privée puisse les mélanger si elle le croit utile.

Sous le rapport du sol, du climat et de l'alimentation, il n'y a pas d'établissement placé dans des conditions plus défavorables que Pompadour; l'entretien des chevaux y coûte beaucoup plus cher que dans la plupart des autres localités. Le nombre des reproducteurs qu'il fournit à grands frais n'a pas par lui-même d'importance, et on peut les trouver en France ou en Orient aussi bons, sinon meilleurs, et, dans tous les cas, à beaucoup meilleur marché.

Il serait donc d'une bonne administration de supprimer le haras de Pompadour et de réaliser ainsi une économie d'environ 100,000 francs.

Intervention indirecte. École des haras. — L'art de l'éleveur n'est pas une science théorique. Les nations qui produisent les meilleurs chevaux n'ont pas d'écoles publiques où l'on professe l'art de les faire naître et de les élever. Le pays n'a pas besoin d'écoles des haras, et l'administration n'en peut avoir une pour le recrutement d'un personnel qui ne comprend que soixante emplois, pour lesquels une vacance à peine se produit chaque année, L'Empereur a supprimé en 1852 l'école qui existait au Pin, et l'administration ne s'est ni moins bien ni moins facilement recrutée depuis cette époque.

Courses. — Les animaux de race pure sont la base de toute amélioration ; mais ils n'ont pas en général, comme chevaux de service, une valeur commerciale en rapport avec leur prix de revient. Les courses satisfont à un double besoin. Elles donnent aux chevaux de race pure la valeur nécessaire pour que l'industrie puisse les élever, et fournissent en même temps le seul moyen de juger de leur mérite et de reconnaître les sujets propres à perpétuer l'espèce.

Beaucoup d'animaux, qui seraient restés nets et exempts de tares dans l'oisiveté des haras, perdent ce mérite souvent trompeur pendant la préparation qui précède les courses ; et, parmi ceux qui échappent à cette première élimination, beaucoup ne montrent pas, le jour de la lutte, les qualités dont ils semblaient doués.

Pour parcourir ne fût-ce que 2,200 mètres à son allure la plus rapide, il faut à un cheval une organisation privilégiée. Par le fait même de sa victoire, il se révèle comme meilleur que ses rivaux pour créer des chevaux de course; « mais il y a plus, son excessive vitesse annonce d'autres qualités que la vitesse, qualités éminemment utiles pour tous les services, et qu'il doit transmettre, au moins en partie, à ses descendants, quels qu'ils soient (1). »

L'introduction de la race pure et les courses datent en Angleterre de la même époque. Leur histoire est la même. Il n'y a pas chez nos voisins de reproducteur de pur sang qui ne soit par lui-même, ou par ses ascendants très-proches, un cheval de course. Cela est si vrai que les deux expressions s'emploient indifféremment l'une pour l'autre; et c'est par la qualification de chevaux de course que le *Stud-Book* anglais désigne, à sa première page, les chevaux dont il contient les généalogies et auxquels l'Angleterre doit sa richesse chevaline.

Les courses ont pris, dans ces derniers temps, une grande extension. L'État leur alloue 300,000 francs : c'est l'encouragement le plus efficace et le moins onéreux pour le Trésor. S. M. l'Empereur, les administrations locales, les sociétés particulières, dont les libéralités dépassent déjà de beaucoup celles de l'État, pourvoiront probablement, sans nouveaux sacrifices de sa part, au développement d'une institution dont le goût semble se répandre de plus en plus.

L'organisation de nos courses se rapproche de celles qui était en vigueur en Angleterre il y a plus de cinquante ans. Elle évite les abus qui peuvent s'être introduits récemment dans ce pays, et donne les meilleurs résultats. Les améliorations qu'on pourrait y apporter n'ont qu'une importance secondaire.

Les épreuves au trot pour les races usuelles sont, chez nos voisins, une exception assez rare; il n'y a, en effet, entre ces épreuves et les courses aucune corrélation nécessaire; l'existence des unes n'implique point celle des autres.

Le trotteur de demi-sang est un cheval de commerce, propre à plusieurs genres de services, et dont la production n'est pas subordonnée à la création d'un débouché spécial.

D'un autre côté, il n'y a aucune raison de conclure qu'un cheval soit meilleur qu'un autre parce qu'il trotte mieux. Pour éprouver réellement les chevaux, il faut les laisser déployer le maximum de leur puissance, et pousser jusqu'à leurs dernières limites les efforts dont ils sont capables. Si, au contraire, on les soumet à une condition de nature à les empêcher d'user de tous leurs moyens, si on leur impose une allure exclusive de l'emploi de toute leur énergie et de toute leur force, l'épreuve cesse d'être vraie et décisive. Elle ne

(1) Baron de Curnieu, *Leçons de science hippique*, t. II, p. 186.

prouve ni la supériorité de l'individu, ni sa capacité comme reproducteur.

Primes de dressage. — Au lieu de détourner sans nécessité nos chevaux de service de leur destination naturelle, il nous semble plus logique de se borner à encourager le perfectionnement de leur éducation, et à pousser les éleveurs à donner à leurs produits les soins, le dressage et la préparation à la vente qui leur font trop souvent défaut. En continuant à primer dans de grands concours publics les meilleurs animaux présentés en état d'entrer en service, on doit réussir à appeler le consommateur là où il peut trouver les chevaux dont il a besoin, et à établir ainsi la production sur la seule base normale, celle qui donne la vie et la durée.

Primes aux étalons approuvés.—Nous avons dit quelle part le décret de 1806 avait fait au principe fécond de l'intervention indirecte et comment on l'oublia dans la pratique. Tout en reconnaissant l'impossibilité de se passer de l'industrie privée, l'administration n'a jamais employé à l'encourager une somme proportionnée aux services qu'on devait attendre d'elle. Jusqu'en 1849, le crédit alloué aux étalons approuvés était de 100,000 francs, et servait à donner 400 primes de 250 francs en moyenne. En 1850, l'allocation fut portée à 200,000 francs, et l'augmentation du nombre de chevaux présentés pour la prime amena bientôt une nouvelle insuffisance du crédit. En 1855, 775 étalons ont porté la dépense réelle à 240,000 francs. En 1856, elle a été de 265,000 francs pour 753 étalons. Enfin en 1857 sur 940 étalons admissibles à la prime, 600 seulement ont pu la recevoir, faute de fonds.

Il est donc facile d'avoir plus d'étalons approuvés et on peut aussi les avoir meilleurs, mais c'est à la condition de donner l'importance nécessaire à des encouragements dont l'insuffisance ne ferait que perpétuer l'inefficacité.

Le minimum de la prime accordée aux étalons approuvés descend aujourd'hui jusqu'à 100 francs, et sa valeur moyenne ne dépasse pas 350 francs, tandis que l'entretien de chaque étalon de l'administration coûte environ 1,800 francs. Sans doute l'industrie privée doit faire à meilleur marché que l'État, mais il ne faut pas lui demander l'impossible, et, tout en lui faisant concurrence, vouloir qu'elle entretienne, pour 200,000 francs par an, 600 étalons aussi bons ou meilleurs que ceux qui, à nombre égal, coûtent 1,100,000 francs à l'administration.

Il nous paraît donc indispensable que le tarif en vigueur pour les primes soit révisé en vue de les augmenter toutes et de n'en donner aucune inférieure à 400 francs.

L'allocation aux étalons approuvés nous semble devoir être portée, par prévision, de 200,000 à 600,000 francs. Avec cette dernière somme on pourrait primer convenablement environ 1,000 étalons. Mais le crédit ne serait pas limitatif, et on y ajouterait au besoin la somme nécessaire pour n'exclure du bénéfice de la prime aucun étalon qui en aurait été jugé digne.

Réglementation de l'industrie. — L'idée de réglementer l'industrie ne nous paraît pas plus féconde que celle de confier à l'État la responsabilité de la production. Les impôts ayant pour but d'obtenir la castration précoce, de proscrire l'usage des chevaux entiers, seraient autant d'entraves à la production. Les étalons rouleurs répondent à un besoin; au lieu de chercher en vain à les combattre, il est préférable d'arriver, par des encouragements, à les rendre meilleurs. Nous ne pouvons attacher aucune importance au maintien du droit actuel de 25 francs à l'importation des chevaux, et il serait évidemment fâcheux d'en établir un à l'exportation.

Question militaire. — L'armée achète chaque année pour ses remontes 8 à 9,000 chevaux. C'est une consommation considérable, mais dont l'importance relative varie avec l'espèce des chevaux qu'elle emploie. Nos races de trait sont assez bonnes et assez nombreuses pour satisfaire sans efforts à tous les besoins de l'artillerie. Pour elles, les remontes ne sont qu'un débouché accessoire et n'exercent sur la production qu'une influence secondaire.

Il n'en est pas de même pour les chevaux de cavalerie, surtout pour ceux de ligne ou de réserve qui rentrent dans la classe des chevaux de luxe à deux fins, et se produisent en général dans les pays les plus avancés. Grâce à des achats réguliers et permanents, à des prix rémunérateurs, l'armée s'y procure facilement les animaux nécessaires à la remonte ordinaire; mais on ne produit guère que pour elle, et elle est le principal, presque le seul consommateur.

Quand il s'agit de pourvoir rapidement à de grands besoins extraordinaires, l'inconvénient de cet état de choses se manifeste. Après avoir acheté tous les chevaux destinés à son service habituel, la guerre ne trouve plus dans le petit nombre d'animaux élevés en vue de la consommation générale du pays qu'une ressource restreinte et incertaine. L'absence du commerce de chevaux de luxe, ou plutôt la préférence qu'il accorde habituellement au cheval étranger, constitue donc au point de vue militaire un grave inconvénient, et la remonte n'a pas d'intérêt plus pressant que de ne pas nuire, par l'action qu'elle exerce sur la production, à une industrie dont le développement est la condition de sa propre sécurité.

Aujourd'hui, les officiers de remonte explorent les pays d'élevage, étudient leurs ressources, visitent les écuries et les herbages, et traitent directement avec les éleveurs, à l'exclusion des marchands patentés.

Achetés le plus souvent dans leur quatrième année, et de préférence lorsqu'ils sont entièrement neufs et non dressés, les chevaux vont attendre dans les dépôts de remonte l'âge d'entrer en service. Cette organisation, appliquée sur une vaste échelle, éloigne le commerce. Le marchand ne trouve pas chez l'éleveur les chevaux dressés et prêts à servir dont il aurait besoin; il ne peut pas choisir les meilleurs, déjà achetés ou retenus par la remonte, qui ne les laisserait pas échapper sans mécontentement; il n'a pas la ressource de les acheter tous, sa qualité de marchand étant une cause d'exclusion et ne lui permettant pas de revendre à l'armée ceux qui conviendraient spécialement à ce service.

Le commerce, intermédiaire obligé de la consommation, se retire devant tant d'obstacles et laisse la remonte en possession d'une sorte de monopole nuisible à tous les intérêts.

Réduit à travailler presque exclusivement pour l'armée, l'éleveur n'a devant lui qu'un débouché trop restreint, des prix de vente trop modérés pour trouver aucun intérêt à dépasser le niveau d'une production médiocre. Il doit renoncer à ce développement lucratif, à ces progrès féconds, que l'industrie réalise sous l'influence d'une large consommation, et par l'entremise d'un commerce libre. Le pays, les éleveurs, l'armée elle-même, souffrent de l'absence de cet instrument de la richesse publique, que la tutelle de l'administration éloigne, sans le remplacer.

Quelques changements au mode de procéder de la remonte suffiraient pour éviter les inconvénients qu'il présente aujourd'hui.

On ne saurait élever brusquement à cinq ans le minimum d'âge pour les remontes de l'armée sans occasionner dans les achats un temps d'arrêt et dans les écuries des éleveurs un encombrement qui pourrait réagir d'une manière fâcheuse sur la production. Il conviendrait donc de continuer à admettre les chevaux de quatre ans pendant un certain temps, mais d'intéresser leurs propriétaires à ne les présenter que plus âgés, en payant beaucoup plus cher les chevaux de cinq à six ans, prêts à entrer en service. Cette augmentation de prix ne constituerait pas un sacrifice pour le Trésor, et serait, et au-delà, compensée par la suppression des frais d'entretien et des chances de mortalité pendant un séjour d'un an dans les dépôts de remonte. La transition se ferait ainsi sans secousses, et, au bout d'un temps assez court, on pourrait fixer à cinq ans le minimum d'âge et supprimer les dépôts de remonte.

Mais une réforme plus importante, et qui devrait être immédiate, est celle qui consiste à acheter des chevaux de l'armée, sans exclusion ni préférence, de toutes les personnes qui les présentent, et à la seule condition de justifier de leur origine française. La liberté des transactions est le seul régime qui puisse offrir à l'armée des ressources assurées et abondantes, à l'éleveur des chances de gain, au commerce le moyen de lutter contre la concurrence étrangère, qui trouve dans l'organisation actuelle des remontes un puissant auxiliaire.

Budget. — Les deux mesures immédiates que nous proposons ne pouvant recevoir leur exécution avant la fin de l'année, c'est pour 1861 seulement qu'il conviendrait d'inscrire au budget une augmentation de 400,000 francs, destinée à porter à 600,000 francs le crédit applicable, par prévision, aux étalons approuvés.

La même année, la suppression de l'élevage à Pompadour permettrait de réduire de 100,000 fraccs le crédit relatif à l'entretien des établissements, et l'augmentation serait ainsi ramenée à 300,000 fr.

Cet excédant de dépenses pourrait être lui-même, en tout ou en partie, compensé par l'effet des premières mesures prises pour restreindre l'intervention directe de l'administration. Il suffirait, en effet, de réformer 200 chevaux parmi les plus médiocres, pour réaliser une économie de 300,000 francs sur l'entretien et la remonte des dépôts, et faire rentrer le budget dans les limites actuelles. Après celte épuration, l'administration n'aurait plus que 1,100 étalons au lieu de 1,300, mais elle en primerait convenablement 1,000 au lieu de 600 chez les particuliers.

A partir de ce moment, chaque pas fait dans la voie que nous indiquons procurerait des économies au Trésor, tout en augmentant le nombre des étalons de choix dont les services seraient assurés au public. Le jour où l'intervention directe aurait disparu, on pourrait, avec la moitié de la somme que coûte aujourd'hui l'entretien de 1,300 étatons, en primer largement 2,000, et 4,000, avec la somme entière.

Sous l'influence d'encouragements efficaces, l'industrie s'habituerait à la liberté et deviendrait assez forte pour vivre de ses propres ressources. Alors l'intervention indirecte pourrait disparaître à son tour, et, au lieu de devoir au budget une existence factice et précaire, d'être frappée de stérilité comme tout ce qui ne vit que par les faveurs administratives, la production nationale reposerait sur la base large et féconde de la liberté.

Les idées dont nous sommes unanimes pour recommander l'adoption ne sont pas une théorie nouvelle. Peu de temps après l'établissement des haras royaux, elles étaient déjà préconisées par des esprits éminents. Voici ce qu'écrivait, il y a près d'un siècle, le maréchal de Villars :

« J'ai aussi parlé au cardinal de la destruction des chevaux en France. Je lui ai dit : Dans les dernières guerres on tirait plus de 25,000 chevaux tous les ans de Bretagne et de Comté, et à présent il n'en sort plus la quatrième partie. Depuis la mort du feu roi il nous en coûte plus de 100,000 écus par an pour établir des haras, et c'est précisément depuis ce temps-là que tous ceux que nous avions en France sont détruits.

« Commencez par épargner vos 100,000 écus, rendez aux peuples la liberté qu'on leur a ôtée d'avoir des juments et des étalons, et vous verrez que les choses reprendront leur cours; au lieu que par vos précautions la quantité de chevaux diminue tous les jours. »

Lorsque le maréchal de Villars donnait ce conseil, le pays était épuisé par les guerres continuelles du règne précédent, l'agriculture et l'industrie encore dans l'enfance. Aujourd'hui que la France est riche et prospère, on ne saurait hésiter à prendre des mesures conformes à l'esprit des temps modernes et au système de réformes économiques que S. M. l'Empereur vient d'inaugurer.

Administration. — Tel que nous l'entendons, le rôle de l'administration s'élève et s'agrandit. La sincérité de ses efforts pour encourager l'industrie, son soin scrupuleux à lui laisser le terrain libre, vaudront mieux pour son importance et sa dignité que l'augmentation de son budget, ou une extension nuisible de son intervention directe. L'administration le comprendra sans doute; mais, pour la garantir elle-même contre la persistance ou le retour de la tendance fâcheuse qui a si longtemps paralysé son action, un contrôle sérieux est nécessaire.

Il nous semble indispensable qu'une commission permanente soit instituée et reçoive des attributions et un pouvoir suffisants pour régler et surveiller dans ses détails la diminution successive de l'intervention directe, hâter sa suppression, contrôler l'emploi des encouragements destinés à développer les forces de l'industrie, et maintenir ainsi l'administration dans la seule voie qu'elle puisse suivre avec profit pour le pays.

Nous avons l'honneur d'être, avec le plus profond respect,

De Votre Altesse Impériale

les très-humbles et très-obéissants serviteurs,

Signé: De la Rochette; pour le comte de Morny avec sa procuration, Daru; Daru, Ferdinand Barrot, de Boureuille, Achille Fould, Rouher, baron de Pierres, Lecouteulx; pour le duc d'Albufera, Lecouteulx.

RAPPORT A L'EMPEREUR ET DÉCRET DE SA MAJESTÉ.

Paris, le 19 décembre 1860.

SIRE,

En distrayant le service des haras du département de l'agriculture, du commerce et des travaux publics pour le placer dans les attributions du ministère d'État, Votre Majesté a implicitement maintenu une institution qui a rendu d'éminents services dans le passé et est appelée à en rendre peut être dans l'avenir. Vous avez daigné me charger, Sire, de résumer les débats ouverts au sein de la commission hippique de 1860, et de proposer un programme et une organisation nouvelle de l'administration des haras.

La première de ces tâches m'a été singulièrement facilitée par les deux rapports contradictoires publiés tout récemment au *Moniteur*. Comme ces documents, élaborés avec soin par des hommes que la spécialité de leurs connaissances désignait au choix du Gouvernement, donnent les principaux arguments invoqués à l'encontre ou au soutien des deux systèmes qui se partagent les esprits, je me bornerai à les suivre dans leurs appréciations diverses.

La majorité de la commission me semble avoir traité avec une grande justesse la question relative à la nécessité de l'intervention directe et indirecte de l'État. En analysant la situation de la propriété agricole et de l'industrie chevaline, en parlant de la faiblesse des ressources dont disposent l'agriculteur et l'éleveur national pour conduire à bonne fin les immenses améliorations que réclame le sol, elle a démontré par des arguments irréfutables que le moment n'était pas venu pour l'État d'abandonner le producteur de chevaux à lui-même ou aux seuls encouragements. Forte de l'expérience et de la connaissance des conditions générales de l'élevage français, de l'appui plusieurs fois répété des conseils généraux, de l'avis presque unanime des possesseurs de poulinières et des propriétaires d'étalons particuliers, la majorité a pu repousser avec succès le reproche adressé à l'administration par ceux qui prétendent que l'intervention directe de l'État constitue un empêchement au progrès, une atteinte grave à la liberté de l'industrie. Elle a fait valoir, ce que pour ma part je suis très-disposé à admettre, que la suppression des dépôts d'étalons amènerait infailliblement une diminution notable dans la production, de graves embarras pour la remonte, et un appauvrissement pour le pays de plusieurs centaines de millions.

On aurait peut-être désiré que les hommes éclairés qui composaient la majorité de la commission, tout en donnant une large part à l'influence qu'exerce l'étalon de mérite, parlassent davantage du rôle non moins important que la bonne jument joue dans l'œuvre de la production. Si, en effet, l'amélioration tarde à venir au gré des désirs impatients, ce n'est pas seulement parce que l'étalon vraiment digne de ce nom fait défaut, mais parce que l'éleveur n'attache pas en général assez de prix à la conservation des pouliches améliorées pour en faire de bonnes poulinières. Faute de ressources suffisantes pour contre-balancer les sollicitations du propriétaire, qui ne sait jamais résister à une offre séduisante, l'administration s'est trouvée en quelque sorte réduite, jusqu'à ce jour, à déplorer cet état de choses sans pouvoir y apporter remède, et à appeler de ses vœux la haute détermination qui lui permette d'agir dans le sens des intérêts particuliers et de l'intérêt général.

La majorité passe sous silence la question commerciale, et, quant à la remonte militaire, elle déclare que l'administration de la guerre accomplit de la manière la plus satisfaisante le rôle qui lui est attribué, et qu'il y aurait inconvénient à changer l'âge pour les achats. Enfin le rapport conclut à une augmentation de 200 étalons pour faire face aux besoins des nouveaux départements annexés, pour desservir le Nivernais, complétement déshérité d'étalons, et pour rétablir à Bonneval le dépôt du Perche, dont la race si précieuse dégénère depuis quinze ans; au rétablissement de la jumenterie du Pin, afin d'y créer des types reproducteurs, et à la création d'un établissement semblable en Algérie pour les juments arabes de race pure. Pour cet ensemble de mesures, le rapport demande plusieurs crédits extraordinaires et considérables pour dépenses d'achat et d'installation, et une augmentation normale de 1,250,000 francs pour 1863. Il termine par émettre le vœu que l'administration soit placée sous la direction d'un chef dont la position élevée soit une garantie pour l'action indépendante qu'il est nécessaire de lui assurer. Le directeur général serait assisté d'un comité supérieur peu nombreux, choisi en dehors de tout esprit de système, et admettant à ses délibérations le conseil éclairé des inspecteurs. Cette organisation, calquée d'ailleurs sur celle des précédents règnes, rendrait à l'administration la position qui lui convient.

La minorité, au nom des principes de la liberté commerciale, nie complétement l'utilité de l'intervention de l'État; elle regarde comme chimériques les craintes de voir l'industrie étalonnière n'user de sa liberté que pour substituer un monopole à un autre, et ruiner, par la mauvaise qualité de ses reproducteurs ou le prix exagéré des saillies, les détenteurs de juments, sans lesquels elle ne peut vivre. Chargé de pourvoir à ses propres besoins, le pays, d'après elle, saurait bien les satisfaire, et l'abandon de l'intervention directe serait une grande économie pour le budget. Le rapport demande, en outre, la suppression de la jumenterie de Pompadour, repousse le rétablissement de l'école des haras, conteste l'efficacité des courses au trot, ne semble admettre comme raisonnables que les courses au galop pour les chevaux de pur sang, et termine par l'exposé de son système, caressé de longue date, de convertir en primes toutes les allocations portées au budget.

Quant à la question des remontes, la minorité fait valoir l'étroite connexité qui existe entre la question commerciale et la question militaire, et ouvre des horizons qu'avait déja signalés à Votre Majesté le rapport de la commission hippique, réunie sous sa présidence au mois de février 1859.

La minorité proclame la nécessité, pour l'administration de la guerre, de changer son mode d'achat. Dans les conditions actuelles, la remonte, en voulant protéger, exerce un monopole qui éloigne le commerce. N'ayant d'autre débouché que l'armée, l'éleveur ne trouve aucun intérêt à dépasser le niveau d'une production médiocre. Il doit renoncer à ce développement lucratif, à ces progrès féconds que l'industrie réalise sous l'influence d'une large consommation et par l'entremise d'un commerce libre. L'armée trouvera toujours les chevaux dont elle a besoin lorsque le commerce sera revenu s'implanter sur nos marchés. Il faut, dit le rapport, que les chevaux soient achetés de toutes mains, sans exclusion ni préférence, et à la seule condition de justifier de leur origine française. On ne saurait élever brusquement à cinq ans le minimum d'âge pour les achats des remontes de l'armée sans occasionner un temps d'arrêt et un encombrement dans les écuries, qui pourraient réagir sur la production. Mais tout en continuant à admettre les chevaux de quatre ans pendant un certain temps, il conviendrait d'intéresser leurs propriétaires à les présenter plus âgés, en payant beaucoup plus cher les chevaux de cinq ans prêts à entrer en service. Cette augmentation de prix ne constituerait pas un sacrifice pour le Trésor; elle serait compensée, et au delà, par la diminution des frais d'entretien et des chances de mortalité que courent les chevaux dans les dépôts de remonte et les écuries des régiments. La transition se ferait ainsi sans secousses; l'on pourrait bientôt fixer à cinq ans le minimum d'âge, et supprimer ou diminuer considérablement l'organisation des dépôts de remonte.

Le rapport, passant à la question budgétaire, conclut à une augmentation de 400,000 francs pour porter à 600,000 francs le crédit applicable aux encouragements et aux étalons approuvés. La suppression de Pompadour donnant une économie de 100,000 francs, cette augmentation serait ramenée à 300,000 francs, et l'excédant de dépense pourrait être lui-même compensé par l'effet des premières mesures prises pour restreintre l'intervention directe de l'État. Il suffirait de supprimer 200 des étalons les plus médiocres pour réaliser une économie de 300,000 francs, soit les 400,000 francs que la minorité réclame pour l'intervention indirecte.

Quant à l'administration, elle devrait marcher d'un pas ferme vers l'émancipation, et le jour où l'intervention directe aurait disparu, on pourrait, avec la somme que coûtent aujourd'hui les haras, primer largement 4,000 étalons. Une commission permanente, ayant les attributions et le pouvoir de régler et de surveiller la marche de l'administration, serait chargée de la conduire vers la voie qui doit l'amener bientôt à son effacement complet.

De l'exposé, que j'ai tâché de rendre aussi concis que possible, des arguments développés par les deux camps de la commission, il paraît résulter que chacun d'eux, emporté par l'ardeur de la lutte, exagère les déductions du principe qu'il soutient.

La majorité demande une large part pour la protection et n'offre en échange aucun avenir nouveau à l'industrie dont elle prend si justement les intérêts : elle réclame la matière première, — l'étalon, — ne se préocupe pas du débouché, et ne propose rien pour augmenter la consommation. Elle oublie que c'est à favoriser le commerce, à développer la concurrence, à établir la liberté des transactions que doivent tendre tous les efforts de l'administration. La production et l'emploi du cheval de luxe acheté à des prix rémunérateurs encourageront bien mieux l'industrie et la création du cheval de guerre que ne peuvent le faire aujourd'hui ses deux seuls protecteurs, la remonte et les haras.

La majorité, à propos des remontes militaires, trouve que la guerre ne peut et ne doit rien changer à son organisation, et, pourvu que l'on obtienne 200 étalons de plus, une jumenterie au Pin, une école des haras, une administration plus importante, des encouragements pour une industrie que l'on ne songe pas à développer, la majorité se trouve satisfaite.

Quant à la minorité, elle me semble trop exclusive : si elle se montre très-libérale au point de vue de la question commerciale, elle ne tient pas assez compte des intérêts populaires. Elle n'a nul souci de mécontenter toute une classe d'éleveurs des campagnes dont la jument est la fortune, qui n'élèvent le cheval de luxe et de troupe qu'à la condition que l'État leur fournira les moyens de faire naître des poulains, et qui, s'ils suivaient leur penchant naturel, préféreraient se livrer à l'éducation plus facile du cheval de trait, du mulet, des bœuf et des moutons.

D'un autre côté, le Gouvernement ne peut, sans se faire tort à lui-même, abandonner au hasard la remonte de sa cavalerie. Il faut qu'il l'assure dans une certaine limite, et c'est pour cela qu'il doit entretenir un nombre d'étalons qui, en servant pour ainsi dire de garantie à ses intérêts militaires, soient aussi un moyen d'encouragement certain et un exemple pour l'industrie chevaline.

La minorité voudrait supprimer les haras. S'ils disparaissaient tout à coup, l'on verrait bientôt la remonte de la cavalerie compromise, la production devenir inférieure, et, comme le dit le rapport de la majorité, malgré les primes les plus séduisantes, l'on verrait se substituer aux étalons de l'État les reproducteurs les plus défectueux. Bien peu d'étalonniers auraient le courage de mettre une grosse somme à l'acquisition d'un père de mérite, et, s'il s'en trouvait en dehors des éleveurs de pur sang, on les verrait immanquablement vendre leurs étalons au premier acheteur étranger qui leur offrirait un léger bénéfice. Nos meilleurs chevaux seraient vendus à l'Italie, à l'Allemagne, à la Belgique, à l'Espagne, et jamais on ne trouverait d'éleveur assez hardi pour aller en Angleterre ou en Syrie chercher les étalons qui manquent et que les haras leur fournissent aujourd'hui.

Si je combats les arguments de la minorité quand elle repousse l'intervention directe, je n'hésite pas à m'associer à ses idées lorsqu'elle réclame la liberté de transactions et fait appel au commerce.

En effet, l'administration de la guerre, qui a rendu de grands services aux éleveurs, qui a été vraiment protectrice quand nos espèces étaient tout à fait discréditées, n'entrave-t-elle pas depuis quelques années, par ses achats prématurés, le développement de l'industrie, en limitant, en quelque sorte, la production à ses propres besoins? Le commerce, intermédiaire obligé de la consommation, ne vient pas sur nos marchés, parce qu'il pense que la remonte a enlevé les chevaux de tête sur lesquels il aurait pu réaliser des bénéfices. Il se retire devant des obstacles qu'il s'exagère, et laisse la remonte en possession d'un monopole qui entrave l'industrie qu'elle veut protéger. En achetant les chevaux à quatre ans, nous n'avons plus derrière nous, pour réserve, en cas de guerre, que des poulains de deux ans et demi à trois ans. Si, au contraire, on arrivait progressivement à acheter à cinq ans les chevaux présentés montés, au lieu de les prendre, sans essai, au bout de la longe, on réaliserait, même en payant beaucoup plus cher, une grande économie; on habituerait le vendeur, quel qu'il fût, à bien préparer, à nourrir, à dresser ses chevaux, pour donner plus de valeur à sa marchandise; on ferait enfin l'éducation des hommes en même temps que celle des chevaux.

Quant à l'administration des haras, le contraire a lieu. Si la remonte achète trop tôt, elle achète trop tard. En ne prenant ses étalons qu'à trois ans et demi, elle laisse, après ses achats et ceux des étrangers, des chevaux que leurs propriétaires ont conservés entiers jusqu'au dernier moment, avec l'espoir de les vendre à l'administration. Castrés à une époque trop tardive, ces chevaux font rarement un bon service, et contribuent encore à éloigner le commerce et à déprécier le cheval français. Une mesure bien simple, réclamée depuis plusieurs années, consisterait, pour les haras, à choisir leurs étalons à deux ans, et à en prendre livraison, partiellement ou en totalité, dans la troisième année. Les frais d'entretien pendant six mois de plus que dans les conditions actuelles seraient une bien faible dépense, comparée au bien que cette mesure produirait.

En résumé, je dirai qu'il faut, par tous les moyens, répandre chez les éleveurs des connaissances pratiques servant à mettre en évidence leurs produits sous le jour le plus favorable, faire l'éducation d'hommes spéciaux, indispensables au développement du commerce. Et c'est pour cela que, si je demande le maintien de l'administration des haras au nom de la nécessité de l'intervention directe, je réclame aussi la suppression totale de toute entrave, et une part plus large aux encouragements de l'intervention indirecte, jusqu'au jour où l'industrie chevaline sera véritablement fondée. Il me semble donc qu'avec l'application d'une partie des idées émises par chacune des fractions de la commission il est possible de présenter un système pratique et populaire, protecteur et libéral à la fois, qui donne aux éleveurs la solution qu'ils attendent depuis longtemps.

Dans cet ordre d'idées, j'aurai l'honneur de soumettre à Votre Majesté un programme d'organisation.

Il consisterait :

1° A maintenir l'effectif des haras au chiffre de 1,250 étalons, comprenant dans ce nombre 50 chevaux destinés à desservir les départements de la Savoie et de la Haute-Savoie ;

2° A supprimer la jumenterie de Pompadour ;

3° A augmenter de 600,000 francs le budget des haras, chapitre des encouragements. Cette somme, ajoutée aux crédits déjà existants, servirait à primer largement les pouliches et les juments poulinières, ainsi qu'à augmenter considérablement le nombre des étalons approuvés. Cette somme servirait encore à donner des primes aux chevaux dressés et castrés de bonne heure, à encourager les courses au trot et avec obstacles, à subventionner de nombreuses écoles de dressage et d'équitation, afin de pousser, par tous les moyens, à la production du cheval de commerce et de luxe et à l'éducation équestre du pays ;

4° A donner à l'administration des haras l'impulsion et la sécurité, en mettant à sa tête un directeur général relevant du ministre d'État.

Un comité supérieur, composé de dix membres pris parmi les sénateurs, les députés, les membres du conseil d'État, les généraux et les hommes de notoriété auxquels pourraient se joindre, selon les besoins, les inspecteurs des haras, serait nommé par le ministre pour aider de ses conseils le directeur général. Tous les ans, le directeur général adresserait au ministre un rapport qui, publié au *Moniteur*, ferait connaître la marche suivie par les haras et les progrès de l'industrie privée ;

5° Pour établir une plus grande unité de vues et de direction dans les questions relatives à l'industrie chevaline, le directeur général des haras serait autorisé à visiter les dépôts de remonte et à présenter ses observations sur ces dépôts dans des rapports officiels adressés au ministre d'État et au ministre de la guerre.

De cette façon, toute la question chevaline serait, pour ainsi dire, dans une seule main, et les haras et la remonte tendraient également vers le but intelligent qui leur serait assigné : protéger et encourager. La production de luxe, en ramenant le commerce sur nos marchés, mettrait bien vite en vogue et en faveur le cheval français, assurerait, par cela même, des ressources plus larges à la remonte de notre cavalerie, et donnerait au commerce l'essor de liberté et de développement auquel toute industrie doit prétendre.

Je suis, Sire, avec le plus profond respect,

De Votre Majesté,

Le très-humble serviteur et fidèle sujet,

Le ministre d'État,

A. WALEWSKI.

Approuvé :

NAPOLÉON.

NAPOLÉON, par la grâce de Dieu et la volonté nationale, EMPEREUR DES FRANÇAIS,

A tous présents et à venir, SALUT.

Vu le décret du 4 juillet 1806, les ordonnances des 16 janvier 1825, 19 juin 1832, 10 décembre 1833, 24 octobre 1840, 12 novembre 1842, 22 juin 1846, l'arrêté du président du conseil des ministres, chargé du pouvoir exécutif, en date du 11 décembre 1848, les décrets des 15 octobre 1849 et 17 juin 1852 concernant le service des haras ;

Sur le rapport de notre ministre d'État ;

Considérant qu'il importe au bien du service des haras de réunir dans un seul décret les dispositions éparses dans les ordonnances, arrêtés et décrets susvisés, et de modifier, sous certains rapports, les règles qu'ils renferment,

Avons décrété et décrétons ce qui suit :

TITRE Ier.

ADMINISTRATION CENTRALE ET PERSONNEL ACTIF.

ARTICLE PREMIER.

Le service des haras est constitué en direction générale.

ART. 2.

La direction générale des haras est placée dans les attributions du ministère d'État.

Un employé supérieur, qui prend le titre d'administrateur, centralise, sous les ordres du directeur général, les détails du personnel de l'administration et du matériel du service.

ART. 3.

Le personnel du service actif des haras comprend :

Huit inspecteurs généraux divisés en deux classes ;

Vingt-six directeurs de dépôts d'étalons divisés en trois classes ;

Vingt-six sous-directeurs, agents comptables, divisés en trois classes ;

Dix surveillants divisés en deux classes ;

Vingt-six vétérinaires avec traitement ou à l'abonnement, divisés en deux classes.

Des brigadiers chefs, Des brigadiers, Des palefreniers divisés en deux classes, Des élèves palefreniers divisés en deux classes,	en nombre proportionné aux besoins du service.

Un arrêté du ministre déterminera la résidence et l'arrondissement assignés à chacun des inspecteurs généraux.

TITRE II.

FONCTIONS ET ATTRIBUTIONS.

ART. 4.

Le directeur général des haras exerce ses fonctions sous l'autorité immédiate du ministre d'État.

Il est spécialement chargé :

1° De dresser le budget général et le compte rendu des dépenses, et de surveiller la comptabilité en denier et en matières relatives au service ;

2° De soumettre à l'approbation du ministre les budgets particuliers des établissements et toutes dépenses spéciales à l'entretien des bâtiments et du matériel prévues au budget général ; les bordereaux mensuels et comptes généraux ; les rapports d'ordonnancement de dépenses ; les baux et marchés ; les règlements généraux du service ; les nominations, promotions, changements de résidence et mise en disponibilité des fonctionnaires du service ; les propositions tendant à la mise en retraite de ces mêmes agents et des employés de tout rang ; la liquidation des pensions de retraite d'après les règlements en vigueur ;

3° De proposer au ministre l'emploi des crédits affectés à la remonte des établissements de haras et aux encouragements de toute sorte alloués à l'industrie chevaline;

4° De pourvoir directement à la nomination et à l'avancement des palefreniers de tout grade;

5° De notifier aux divers agents du service les décisions du ministre;

6° De prescrire les tournées et missions spéciales à l'intérieur, comme à l'extérieur du territoire de l'Empire, sauf l'approbation du ministre pour ces dernières, lorsque les dépenses auxquelles elles pourraient donner lieu devront dépasser le chiffre des crédits portés au budget;

7° D'inspecter, au moins une fois l'an, tous les dépôts d'étalons, d'y contrôler les achats de chevaux effectués, d'autoriser, avec l'assentiment du ministre, les acquisitions convenables au service, et de prononcer les réformes d'animaux jugées nécessaires;

8° D'exposer, dans un rapport annuel adressé au ministre et publié au *Moniteur,* les résultats obtenus par l'administration et l'industrie particulière.

ART. 5.

L'administrateur est chargé de préparer les décisions à soumettre au ministre ou au directeur général, et de diriger le travail des bureaux de l'administration centrale.

ART. 6.

Les inspecteurs généraux ont pour mission spéciale de rechercher en France ou à l'étranger les étalons qui pourraient convenir à la remonte des haras, et d'en faire l'acquisition sous l'autorisation du directeur général et l'assentiment du ministre.

Ils proposent également au directeur général les réformes dans l'effectif.

ART. 7.

Les fonctions des inspecteurs généraux chargés de la surveillance des dépôts d'étalons s'étendent à toutes les parties qui composent le service des établissements placés dans leur ressort.

Ils examinent les étalons à approuver, les juments poulinières, pouliches, chevaux dressés et castrés à primer; surveillent les établissements subventionnés, écoles de dressage, d'équitation et autres; président les concours hippiques, assistent aux courses, foires et marchés de chevaux, et visitent les haras particuliers pour signaler les éleveurs dont les efforts méritent d'être encouragés par l'administration.

En cas d'empêchement, ils sont suppléés par les directeurs pour ce qui concerne les concours et autres réunions hippiques.

ART. 8.

Les directeurs ont le commandement des dépôts d'étalons, et pourvoient, au dedans comme au dehors des établissements, à l'exécution des dispositions réglementaires et des décisions de l'administration supérieure.

Ils préparent les projets de répartition des étalons de l'État dans les stations de monte, ainsi que les projets de budgets de dépenses, et soumettent ces documents aux inspecteurs généraux, qui les adressent à la direction générale avec leurs observations.

Dans les tournées incessantes qu'ils doivent faire durant la saison de monte, ils dirigent par leur conseil les accouplements, le croisement et l'élevage, surveillent le service des étalons approuvés, et étudient toutes les questions qui se rattachent à l'éducation des chevaux. De cette partie très-importante de leurs travaux, ils rendent un compte détaillé au directeur général.

ART. 9.

Les sous-directeurs sont spécialement chargés, sous le contrôle des directeurs, des opérations de comptabilité des établissements.

Ils suppléent les directeurs dans l'exercice de leurs fonctions.

ART. 10.

Les fonctions des surveillants, placés sous l'autorité immédiate des directeurs ou de leurs suppléants, consistent à assurer l'exécution des ordres relatifs au service des écuries et à la tenue de l'établissement.

Ils assistent les sous-directeurs dans leurs travaux de comptabilité et de correspondance.

ART. 11.

Les vétérinaires ont le soin de tout ce qui concerne l'entretien de la santé des étalons. Ils sont, en outre, chargés de faire un cours d'extérieur et d'hygiène pour les palefreniers.

Dans toutes les choses qui incombent à leur service ils relèvent du directeur ou de son suppléant.

ART. 12.

Les inspecteurs généraux, les directeurs de dépôts d'étalons correspondent directement avec le directeur général des haras.

TITRE III.

NOMINATIONS ET AVANCEMENT.

ART. 13.

Le directeur général est nommé par nous, sur la proposition de notre ministre d'État.

L'administrateur, les inspecteurs généraux, les directeurs des dépôts d'étalons sont nommés par notre ministre d'État.

Les sous-directeurs, les surveillants et les vétérinaires sont nommés par notre ministre d'État sur la présentation du directeur général.

ART. 14.

Nul, à moins de connaissances hippiques exceptionnelles, ne peut entrer comme officier des haras, dans le service, qu'en passant par le grade de surveillant.

Ce premier grade s'obtient par voie de concours, et, pour être admis aux examens, les candidats doivent, indépendamment de leur qualité de Français, être âgés de dix-huit ans au moins et de vingt-cinq ans au plus.

Les conditions de ces examens seront déterminées par un arrêté spécial du ministre.

ART. 15.

Dans les emplois remplis par le personnel supérieur du service, nul ne peut être promu à un grade ou à une classe supérieurs qu'après avoir occupé le grade ou la classe hiérarchiquement inférieurs.

ART. 16.

Les brigadiers chefs, les brigadiers, les palefreniers et élèves palefreniers sont nommés par le directeur général, sur les propositions des directeurs de dépôts d'étalons, confirmées par les inspecteurs généraux.

TITRE IV.

CAUTIONNEMENT.

ART. 17.

Le taux du cautionnement à fournir par les sous-directeurs, agents comptables des haras, demeure fixé conformément aux dispositions du décret du 15 octobre 1849.

Ce cautionnement doit être réalisé en numéraire.

TITRE V.

CONGÉS.

ART. 18.

Les congés ne dépassant pas un mois sont accordés par le directeur général.

Les demandes de congé pour un terme plus long et celles pour la prolongation d'un congé d'un mois sont soumises à l'approbation du ministre.

Le directeur général statue sur les retenues de traitement, suivant les règles existantes.

TITRE VI.

CONSEIL SUPÉRIEUR DES HARAS ET COMITÉ CONSULTATIF DES HARAS.

ART. 19.

Il est constitué auprès de notre ministre d'État un conseil supérieur des haras, composé, indépendamment du directeur général et de l'administrateur des haras, rapporteur, de dix membres nommés par le ministre et choisis parmi les sénateurs, les députés au Corps législatif, les membres du conseil d'État, les officiers généraux de l'armée et les personnes versées dans les matières hippiques.

Ce conseil, qui se réunit chaque fois que le ministre le juge utile, est appelé à aider de ses avis le directeur général dans toutes les questions importantes du service. Les inspecteurs généraux des haras pourront y être admis avec voix consultative.

ART. 20.

Le conseil supérieur des haras est présidé par le ministre; à son défaut, par le directeur général, vice-président, et en cas d'empêchement, par un des membres élu à la majorité des suffrages.

ART. 21.

Il est établi, en outre, auprès du directeur général et sous sa présidence, un comité consultatif des haras, composé des inspecteurs généraux.

L'administrateur est de droit rapporteur du comité.

ART. 22.

Le comité pourra être consulté sur :

1° La répartition des étalons provenant de la remonte ou désignés pour être déplacés;

2° L'ensemble des propositions relatives aux étalons à approuver, aux juments poulinières à primer, et aux encouragements de toute sorte à décerner;

3° Les demandes consignées aux rapports d'inspection;

4° Les budgets des établissements;

5° Les règlements généraux de service;

6° Les affaires importantes qui exigeraient un examen particulier avant d'être soumises au conseil supérieur.

ART. 23.

Les procès-verbaux des séances seront régulièrement tenus, tant au conseil supérieur qu'au comité consultatif des haras, afin que l'administration puisse, au besoin, y trouver les renseignements qui lui seraient nécessaires.

TITRE VII.

ENCOURAGEMENTS À L'INDUSTRIE PARTICULIÈRE.

ART. 24.

Dans le but de venir, d'une manière efficace, en aide à l'industrie chevaline, d'étendre et d'améliorer la production, des crédits plus importants que ceux inscrits jusqu'à ce jour au budget pour encouragements seront demandés par le ministre à notre conseil d'État.

Ces encouragements comprendront dans leur ensemble : les prix de courses plates au galop et au trot, et de courses avec obstacles ; — les primes aux étalons, juments poulinières et pouliches de toute espèce ; — les primes aux poulains castrés de bonne heure et convenablement dressés à la selle ou à l'attelage ; — les subventions aux concours régionaux, aux écoles d'équitation ou de dressage.

ART. 25.

A dater du 1er janvier 1861, le tarif des primes aux étalons approuvés est fixé comme suit :

Pour un étalon de pur sang, de 500 francs à....	1,500f
Pour un étalon de demi-sang, de 400 francs à....	1,000
Pour un étalon de trait, de 300 francs à........	500

Toutefois, pour les animaux d'une valeur élevée et d'un mérite exceptionnel, les primes indiquées au paragraphe précédent pourront atteindre les quotités ci-après :

Pour un étalon de pur sang.................	3,000f
Pour un étalon de demi-sang.................	1,500
Pour un étalon de trait.....................	800

ART. 26.

Les primes décernées par l'État aux juments poulinières de pur sang, suivies de leur production de l'année, sont portées de 200 à 600 francs; celles réservées aux poulinières et pouliches de demi-sang, de 100 à 600 francs; et, enfin, celles destinées aux poulinières de trait, de 100 à 300 francs.

TITRE VIII.

DISPOSITIONS GÉNÉRALES.

ART. 27.

Toutes les dispositions antérieures, contraires au présent décret, sont et demeurent rapportées.

ART. 28.

Notre ministre d'État est chargé de l'exécution du présent décret.

Fait au palais des Tuileries, le 19 décembre 1860.

NAPOLÉON.

Par l'Empereur :

Le ministre d'État,

A. WALEWSKI.

Par décret impérial, en date du 19 décembre, M. le général Fleury, premier écuyer, aide de camp de l'Empereur, a été nommé directeur général des haras.

Par arrêté en date du 19 décembre, le ministre d'État a constitué la commission supérieure des haras; cette commission est présidée par le ministre d'État, et, en son absence, par le directeur général des haras. Elle est composée de la manière suivante :

MM.

Le général prince de la Moskowa, premier veneur, aide de camp de l'Empereur, sénateur;
Le comte Boulay de la Meurthe, sénateur;
Le général de division Féray;
Vuitry, président de section du conseil d'État;
Le marquis de Caulaincourt, député au Corps législatif;
Hervé de Saint-Germain, député au Corps législatif;
Le comte Frédéric de Lagrange, député au Corps législatif;
Geoffroy de Villeneuve, député au Corps législatif;
Le baron de la Rochette;
Le duc d'Isly.

Par arrêté en date du même jour, le ministre d'État a constitué la commission centrale des courses et du *Stud-Book*. Elle est composée de la manière suivante :

S. Exc. le duc de Morny, président du Corps législatif, membre du conseil privé, président;

MM.

Le prince de la Moskowa, sénateur, premier veneur, aide de camp de l'Empereur;
Le général Fleury, premier écuyer, aide de camp de l'Empereur, directeur général des haras;
Le comte de Lagrange, député au Corps législatif;
Hervé de Saint-Germain, député au Corps législatif;
Le baron de Pierres, premier écuyer de l'Impératrice;
Le vicomte Paul Daru, président du comité de courses de la Société d'encouragement;
Le comte Alfred de Noailles;
Le baron de la Rochette;
Le comte d'Hédouville;
Jacques Reiset;
Le comte Amédée des Cars;
Le vicomte de Baracé;
Auguste Lupin;
Hennessy;
Le baron de Nexon;
De Vanteaux;
Ferdinand Régis;
Le comte d'Aure;
Le comte de Laroque Ordan;
Ernest Leroy;
De Baylen, administrateur des haras.

CIRCULAIRE DE M. LE DIRECTEUR GÉNÉRAL DES HARAS À MM. LES INSPECTEURS GÉNÉRAUX.

Paris, le 12 février 1861.

Messieurs,

Après les conférences que nous avons eues ensemble, et afin qu'il ne reste aucun doute dans vos esprits, j'ai cru devoir préciser, dans une instruction générale, le système que la Direction des haras se propose de suivre.

Jusqu'à ce jour, l'Administration ne s'était peut-être pas assez préoccupée du débouché et avait placé dans l'amélioration seulement la solution du problème. Là était une lacune qu'il fallait combler; il restait à mettre l'éleveur à même de profiter des enseignements du passé, en lui faisant trouver dans la vente fructueuse de ses chevaux la rémunération de ses sacrifices; il fallait assurer le nombre et la qualité de la production utilisable, donner, en un mot, un libre essor à la concurrence et à la consommation.

Deux administrations protectrices et pleines de sollicitude, mais divisées jusqu'ici dans leur action, l'Administration des haras et la Remonte militaire, ont guidé les pas de l'élevage dans son enfance : l'une en améliorant la production en général, l'autre en achetant à l'éleveur un certain nombre de ses produits, dans la limite seule de ses besoins en temps de paix et des ressources de son budget. Ces protections, qui ont réduit jusqu'à présent la production au but restreint de vendre quelques étalons et quelques milliers de chevaux de guerre, n'étaient pas suffisantes; elles maintenaient l'élevage à un niveau médiocre, éloignaient le commerce, bornaient l'horizon de l'industrie et paralysaient son avenir.

Les défauts de l'éleveur en France sont de mal nourrir, de garder entiers un grand nombre de chevaux perdus pour le service, de mal élever, au point de vue commercial, et de ne pas préparer le cheval qu'il veut offrir au consommateur. C'est à cette infériorité d'élevage sur l'Allemagne et sur l'Angleterre qu'il faut attribuer la défaveur, disons plus, le dédain que la classe riche a pour le cheval français. Dans ces circonstances, qui portent atteinte à un grand intérêt national, il faut tenter des voies nouvelles, il faut prendre des mesures qui, dans quatre ou cinq ans au plus tard, amèneront des résultats certains, si les éleveurs veulent s'associer à cette pensée et si le public, qui décide en dernier ressort, veut nous comprendre et s'unir franchement aux efforts de la Direction.

Il a été dit dans le rapport du ministre, adressé à S. M. l'Empereur, rapport dont je ne répéterai pas ici les déductions, que l'Administration des haras, maîtresse de la production d'élite, nuisait à la production du cheval de luxe, en donnant une direction trop exclusive à la vente du cheval entier. En effet, en ne prenant les étalons qu'à l'âge de trois ans et demi, elle laisse après ses achats, après ceux de l'étranger et ceux de l'industrie particulière, un trop grand nombre de chevaux que les éleveurs ont conservés entiers jusqu'au dernier moment, avec l'espoir de les vendre comme reproducteurs. Castrés trop tard, ces chevaux font rarement un bon service, ce qui contribue à éloigner le commerce et à déprécier le cheval français.

Il a été dit aussi que le ministère de la guerre, animé des meilleures intentions, exerçait cependant une sorte de monopole dont les marchands exagéraient l'importance restrictive, mais qui n'entravait pas moins, par des achats prématurés, le développement de l'industrie. Il a été ajouté que le moyen le plus efficace pour ramener le commerce était de tendre désormais et concurremment avec lui à l'achat des chevaux de cinq ans présentés montés, à la condition de les payer un prix plus rémunérateur.

En continuant pendant cinquante ans encore l'ancien système, on n'aurait pas fait avancer d'un pas la question commerciale, on n'aurait pas augmenté le nombre des chevaux de luxe et de cavalerie, on n'aurait pas favorisé davantage l'exportation, qui compte à peine pour cinq millions dans le crédit français, et enfin diminué l'importation des quinze ou dix-huit mille chevaux que nous achetons à l'étranger, et la perte pour l'éleveur des quinze ou dix-huit millions qui sortent annuellement du pays.

En face d'un état de choses aussi regrettable, qui permet à peine à une population de plus de trois millions de têtes de fournir aux besoins de la paix, et reste impuissant pour suffire au luxe et aux nécessités de la guerre, qu'y avait-il à faire? — Créer un système mixte d'intervention directe et indirecte, conserver les haras pour *l'exemple*, l'amélioration, et pour être la sauvegarde de la remonte de notre cavalerie. — Ramener le commerce de luxe sur nos marchés par l'abaissement de toutes les barrières. — Établir les encouragements sur une grande échelle; primes et courses de toutes sortes; appel au concours de l'industrie privée par de nombreuses et importantes approbations d'étalons; subventions dans les grands centres, aux écoles de dressage et d'équitation, pour arriver à produire un grand mouvement, que nous appellerons une révolution équestre et commerciale, en donnant, par un meilleur élevage, une valeur plus marchande aux chevaux français.

Il fallait enfin inaugurer un système qui, pour la première fois, par l'accord complet des administrations de la guerre et des haras, fît converger les efforts de chacun vers un but unique, et pût marcher d'un pas ferme, quelles que soient les difficultés du chemin, vers le progrès de toute industrie, le développement et la liberté.

Après ces considérations générales, je vais, Messieurs, entrer dans le cœur de la question, vous donner le détail des mesures que compte prendre la Direction générale, et vous indiquer le mode à suivre dans la répartition des encouragements qui doivent nous aider à remplir le programme approuvé par S. M. l'Empereur.

Je commencerai par prendre le cheval dès son plus jeune âge, et le conduirai jusqu'à l'époque où il sera livré au commerce.

Afin d'amener l'éleveur, dans son propre intérêt, à bien nourrir et à bien élever, c'est à deux ans qu'à l'avenir MM. les inspecteurs généraux, chacun dans sa circonscription, auront mission de visiter au printemps tous les chevaux d'élite de demi-sang, de carrosse et de trait léger que leurs propriétaires destinent à être vendus comme reproducteurs. Ils choisiront en nombre assez large, parmi ces jeunes animaux, ceux qu'ils jugeront dignes de pourvoir à la remonte des haras, de satisfaire aux achats de l'étranger et de fournir à l'industrie particulière les étalons qui lui sont nécessaires.

Les inspecteurs remettront aux propriétaires des chevaux choisis des cartes d'aptitude, qui donneront droit à ces chevaux de concourir aux épreuves qu'ils devront subir à trois ans, épreuves qui précéderont les achats.

Ces cartes d'aptitude, qui ne sauraient toutefois lier l'Administration pour la totalité des sujets auxquels elles seront accordées, n'en seront pas moins pour l'éleveur une récompense de ses premiers soins, puisqu'elles lui donneront, par ce certificat de mérite, de meilleures chances de vente.

Dans cette première visite, les inspecteurs généraux conseilleront aux éleveurs de faire castrer au plus tôt les chevaux qu'ils n'auraient pas reconnus devoir être plus tard utiles à la production. Ces chevaux pourront alors être préparés à concourir, après guérison, aux primes de castration accordées à la conformation et au mérite des allures en main. Les primes seront distribuées, comme je le dis, quelques mois après la visite des inspecteurs, soit aux poulains castrés de jeune âge, soit à ceux qui l'auront été par suite de l'inspection. Toutefois, pour ne pas nuire à l'étalonnage, les primes seront plus considérables par le nombre que par la quotité.

A trois ans s'ouvrira l'époque des épreuves pour les jeunes étalons munis de cartes d'aptitude; des prix spéciaux et importants leur seront réservés. Les épreuves auront lieu au trot pour les chevaux d'attelage, et au galop avec obstacles pour les chevaux de selle. C'est alors que l'Administration fera son choix parmi les chevaux réunissant à un plus haut degré les conditions d'origine, de mérite et de conformation. Ceux qui ne seront pas achetés par l'État, pourront l'être par l'étranger ou par l'industrie privée.

Les chevaux de commerce, de luxe, arrivant à quatre ans, qui auront subi la castration, soit dans le jeune âge, soit à deux ans au plus tard, concourront dans des épreuves de dressage, attelés ou montés, et des courses au galop avec obstacles. Pour les premières, le jury prononcera en faveur des chevaux présentant le plus d'allures, de qualités et d'élégance; pour les secondes, il ne sera particulièrement tenu compte que de la vitesse, de l'énergie et du fond. Après ces épreuves et ces courses auxquelles l'Administration donnera le plus de publicité possible, le commerce trouvera un contingent nombreux et certain pour satisfaire aux besoins du luxe, et la remonte pourra choisir encore, en dehors de ses ressources habituelles, quelques très-bons chevaux pour ses troupes d'élite. Il faut, en effet, se bien pénétrer de cette vérité, c'est que plus le luxe achètera, plus il se fera de chevaux supérieurs en France, et plus aussi s'augmenteront, en s'améliorant, les ressources de la remonte.

Des prix spéciaux seront attribués aux chevaux de trait léger dans les mêmes conditions. Cette espèce utile, consacrée jusqu'ici au seul emploi des voitures publiques, trouvera bientôt, par suite de cette mesure, un écoulement nouveau dans les services du demi-luxe, de l'artillerie et des transports de l'armée.

Je ne vous ai entretenus jusqu'à présent que des encouragements donnés à la production mâle; je vais maintenant parler de ceux réservés aux pouliches dont l'importance, dans la production, est non moins considérable, et dont peut-être, jusqu'à ce jour, le rôle n'a pas été assez apprécié.

Ce n'est qu'à trois ans révolus que l'Administration commencera à s'occuper de la jeune poulinière; mais, pour mériter des encouragements, celle-ci devra être bien nourrie, dressée, soumise à un travail approprié à ses forces et avoir acquis le développement qu'elle peut offrir à cet âge.

Dans ce but, des primes combinées avec des épreuves, ainsi que cela se fait déjà dans certaines contrées, où d'excellents résultats ont été obtenus par ce moyen, seront offertes aux pouliches de trois ans, saillies dans l'année, pourvu, bien entendu, qu'elles n'aient pas été présentées à l'étalon à l'âge de deux ans, ce qui se pratique malheureusement quelquefois.

A partir de cet âge la jument devenue poulinière sera, comme par le passé, apte à recevoir des primes annuelles accordées à sa conformation, à sa bonne origine et à son degré de conservation; toutefois ces primes seront augmentées en nombre et en importance, afin d'intéresser l'éleveur à garder ses meilleures juments.

On le voit par cet exposé, la Direction générale ne perd pas un instant de vue la production. Au moyen d'encouragements gradués selon les âges et la destination de chaque cheval, elle enveloppe d'un réseau protecteur toute la question chevaline, elle encourage le bon élevage, les bons soins, le dressage, la castration, les aptitudes à tous les services.

L'étalon, bien élevé et convenablement nourri, afin de le faire paraître avec avantage à l'examen qui en sera fait à l'âge de deux ans, puis dressé et soumis plus tard à des épreuves, ne sera plus ce cheval élevé sans travail et sans soins, engraissé seulement au moment de la vente, et présenté aux achats du Gouvernement sans offrir aucune garantie de santé, de vigueur et de bonne organisation. La conformation, dans un étalon, est beaucoup sans doute; mais les qualités sont la base de toute amélioration rationnelle, et nous ne pouvons que suivre, à cet égard, l'exemple que nous ont donné les deux plus grands peuples hippiques du monde, les Arabes et les Anglais.

La castration du poulain impropre à la reproduction est une nécessité pour tous les services. L'avenir du commerce est dans le cheval hongre; il faut, par tous les moyens, pousser les éleveurs à perdre cette habitude fâcheuse d'élever un si grand nombre de chevaux entiers, dangereux aux autres chevaux et à l'homme lui-même, plus chers à nourrir, exigeant plus de soins et d'espace, nuisant à la bonne production par des accouplements de hasard, et qui, restant spécialisés dans leur emploi, ne pourraient pas être, à un moment donné, utilisés au service de l'armée. En dehors du cheval de gros trait, qui a sa raison d'être, il faut donc nous appliquer, par la persuasion, par les encouragements, à vulgariser l'emploi du cheval hongre; il deviendra bientôt une source de richesse pour l'industrie commerciale et agricole, et assurera des ressources immenses à la remonte militaire.

Quant à la jument, plus intimement liée au sol que l'étalon, plus généralement acclimatée que lui, elle sera l'objet de la sollicitude constante de l'Administration. Comme l'étalon, la poulinière doit, en effet, offrir des garanties de mérite spécial, sans lesquelles l'espérance de l'éleveur serait trompée.

Je ne me dissimule pas, Messieurs, toutes les difficultés qui vous attendent dans le rôle important qui vous est attribué. Pour diriger l'élevage dans la voie que je viens de vous indiquer, vous aurez à vaincre des habitudes enracinées; la routine, les préjugés et surtout l'ignorance pourront, dans les premiers temps, contrarier vos bonnes intentions. Vous apporterez dans cette œuvre votre expérience et vos conseils; vous devrez surtout vous attacher à faire l'éducation des hommes, en même temps que vous donnerez de la valeur à leurs chevaux. Les écoles de dressage et d'équitation seront un moyen puissant. Celles qui fonctionnent déjà, dans les conditions restreintes, ont rendu de très-bons services, et il est hors de doute qu'en donnant une plus grande étendue à cette institution pratique, les départements comprendront leur propre intérêt en même temps que celui du pays. A mesure qu'un établissement de ce genre sera créé dans les grands centres d'élevage, vous pourrez, comme je vous l'ai dit et comme j'y suis autorisé par M. le ministre d'État, me soumettre des demandes de subventions dans les conditions que je vous ai prescrites.

Si, dans l'exposé qui précède, je ne vous ai parlé que des encouragements donnés au cheval de service et de la question commerciale, il va sans dire que nous ne dérogerons pas aux principes qui doivent continuer à développer le progrès. De grands encouragements continueront à être donnés aux courses, qui sont le critérium du mérite des reproducteurs. De nouveaux arrêtés viendront toutefois les réglementer, afin de les faire concourir à l'amélioration générale. Sans entrer ici dans le détail de leur organisation, je vous en indiquerai rapidement les bases: Augmentation du nombre des prix classés. — Exclusion totale des handicaps et des courses pour chevaux de deux ans. — Conservation des prix pour l'âge de trois ans. — Prix très-importants pour les chevaux de quatre et cinq ans, avec des décharges pour ceux de l'Ouest et du Midi. — Augmentation des poids et des distances pour certains prix. — Enfin, tout ce qui pourra contribuer à maintenir l'institution des courses dans sa véritable voie, l'épreuve du reproducteur.

Pour résumer ma pensée sur la production, le cheval de pur sang sera toujours la base de l'amélioration. Le cheval arabe sera introduit pour les croisements, là où nous en reconnaîtrons l'utilité. L'étalon demi-sang et le trotteur, indigènes et étrangers, réunissant les conditions fondamentales de conformation et de mérite, continueront à être employés dans les établissements de l'État; mais ce ne sera qu'avec une très-grande prudence que nous toucherons aux races de gros trait, qui, à de rares exceptions près, se sont jusqu'à ce jour conservées par elles-mêmes.

C'est ainsi que l'Administration des haras, profitant des leçons de l'expérience, pourra suivre une voie plus large, un système plus populaire, et donner bientôt, nous l'espérons, un grand développement à l'industrie chevaline en France.

Recevez, Messieurs, l'assurance de ma considération très-distinguée.

L'aide de camp, premier écuyer de l'Empereur,
Directeur général des Haras,

Général **FLEURY**.

ACTES ADMINISTRATIFS.

ARRÊTÉ.

AU NOM DE L'EMPEREUR.

Le Ministre d'État,

Vu le rapport adressé à l'Empereur, le 19 décembre 1860, sur la question chevaline, et le programme qui y fait suite, approuvés par Sa Majesté;

Vu le décret organique à la même date, concernant le service des haras;

Vu le règlement du 25 octobre 1840, et les arrêtés ministériels des 27 octobre 1847 et 16 novembre 1857;

Considérant qu'il importe de développer en France la production chevaline et de la mettre en rapport avec les besoins sans cesse croissants de la consommation;

Attendu que, par expérience, ce double résultat ne saurait être convenablement atteint sans un ensemble de mesures s'adressant aux reproducteurs mâles comme aux femelles, favorisant à la fois l'élevage et la bonne éducation du cheval, et se combinant de façon à mettre en évidence les qualités intimes des animaux aussi bien que leur bonne conformation;

Sur le rapport du Directeur général des haras;

Arrête :

TITRE PREMIER.

POULAINS ENTIERS ET CHEVAUX HONGRES.

ARTICLE PREMIER.

Tous les ans, à partir du mois de mars, les inspecteurs généraux des haras parcourront leur arrondissement d'inspection, en vue de reconnaître les poulains de deux ans, de demi-sang ou de trait léger, qui, en raison de leur origine, de leur bonne, saine et forte conformation, promettent de devenir des reproducteurs de mérite.

Après avoir pris le signalement exact de ces jeunes animaux, ils feront connaître à leurs propriétaires qu'ils peuvent les présenter aux épreuves réservées par l'Administration des haras aux poulains entiers de 3 ans.

ART. 2.

A cet effet, des *cartes d'aptitude* seront remises à chaque propriétaire, en nombre égal à celui des poulains choisis.

Les cartes, extraites d'un cahier à souche, numérotées et parafées à l'avance par l'inspecteur général, et de plus revêtues du timbre de la Direction générale des haras, porteront les indications nécessaires pour établir en toute circonstance, d'une manière certaine, l'identité de chaque animal.

ART. 3.

Dans le cas où le poulain désigné sur une carte d'aptitude viendrait à décéder avant l'époque déterminée pour les épreuves auxquelles il a droit de prendre part, son propriétaire sera tenu d'en faire la déclaration au directeur du dépôt d'étalons de sa circonscription, et de remettre ladite carte à ce fonctionnaire, pour les renseignements qu'elle contient être consultés au besoin.

Faute par lui de se conformer aux prescriptions qui précèdent, il pourra, suivant les cas, être déchu du droit de faire concourir aux épreuves les poulains dont il serait ou pourrait devenir propriétaire.

ART. 4.

Par exception accordée pour 1861, les poulains âgés de 3 ans révolus dans cette année seront admis au bénéfice des cartes d'aptitude.

ART. 5.

Un règlement spécial, annexé au présent arrêté, déterminera le genre et la diversité des *épreuves* imposées aux poulains entiers, munis d'une carte d'aptitude.

Ces épreuves auront lieu au *trot* pour les chevaux d'attelage, et au *galop avec obstacles* pour les chevaux propres à la selle.

ART. 6.

A partir de 1861, aucun étalon, autre que l'étalon de gros trait, ne pourra entrer dans les établissements de l'État, s'il n'a subi des épreuves publiques.

ART. 7.

Tous les poulains auxquels, durant sa visite, l'inspecteur général ne reconnaîtrait point une conformation ou un mérite suffisants pour la reproduction, seront officieusement désignés à l'éleveur pour la castration immédiate.

ART. 8.

Dans le but d'encourager les propriétaires de poulains de demi-sang et de trait léger à pratiquer de bonne heure et en temps utile la castration de leurs jeunes chevaux, des primes d'une valeur de 50 à 200 francs seront spécialement décernées en concours publics.

La distribution de ces primes, auxquelles ne pourront d'ailleurs participer que les poulains totalement guéris des suites de la castration, et âgés de moins de 3 ans, sera, chaque année, effectuée dans les mois de septembre ou d'octobre, et principalement dans les contrées où l'on s'adonne à l'élève du cheval de commerce, du cheval de luxe et de demi-luxe.

ART. 9.

Un an plus tard, les chevaux hongres participeront aux courses générales établies ou à établir pour les chevaux de service.

TITRE II.

POULICHES.

ART. 10.

Des concours d'arrondissement seront également institués en faveur des pouliches de demi-sang ou de trait léger, indigènes ou étrangères.

Autant que possible, ces concours se tiendront dans le courant des mois d'avril, mai ou juin; et, pour en grandir l'importance, les fonds dont dispose l'Administration des haras seront réunis, sans se confondre, aux sommes votées *ad hoc* par les conseils généraux de départements.

ART. 11.

Dans chacun de ces concours, les produits appartenant depuis un mois au moins à des propriétaires de l'arrondissement, pourront seuls être présentés.

ART. 12.

Chaque concurrent, en se faisant inscrire à la préfecture ou à la sous-préfecture, devra déposer :

1° Un certificat de naissance de la pouliche, dûment légalisé par le maire de sa commune;

2° Une déclaration affirmant que la pouliche dont il est propriétaire a été saillie à l'âge de 3 ans par un étalon *de l'État, approuvé* ou *autorisé,* ou contenant l'obligation de la faire saillir dans l'année par un reproducteur d'une de ces trois catégories; cette déclaration devra en outre spécifier que la pouliche n'a pas été saillie à l'âge de 2 ans;

3° L'engagement formel de la faire publiquement courir dans l'année, au trot ou au galop.

ART. 13.

Les *primes* réservées dans les concours aux pouliches de 3 ans varieront de 100 à 300 francs.

Les *prix de courses*, prélevés sur les fonds de l'État, auront une valeur de 200 à 800 francs, et seront affectés non-seulement aux pouliches primées, mais encore à celles qui auraient obtenu des mentions honorables dans les concours précités.

ART. 14.

Le droit à la prime ne sera définitivement acquis qu'après l'épreuve de l'hipprodrome.

TITRE III.

JUMENTS POULINIÈRES.

ART. 15.

Sauf les exceptions que motiveraient certaines circonstances locales, les concours annuels de juments poulinières, de demi-sang et de trait, seront tenus du 15 août au 15 novembre au plus tard.

ART. 16.

Pour être admises à concourir, les poulinières devront : 1° être âgées de 4 ans au moins et de 6 ans au plus ; 2° être suitées de leur produit de l'année; 3° être exemptes d'un des vices rédhibitoires prévus par la loi ; 4° mesurer à la potence 1 m. 47 cent. au moins.

Sont également aptes à concourir, les juments de pur sang, suitées d'un produit de demi-sang provenant d'un étalon de l'État, approuvé ou autorisé.

ART. 17.

L'âge se compte pour les poulinières comme pour tous les autres animaux de l'espèce chevaline, à partir du 1er mai de l'année de leur naissance.

ART. 18.

Des mentions honorables, constatées par des certificats imprimés, peuvent être accordées, dans les concours publics, aux poulinières qui n'auraient pu être primées faute de fonds.

TITRE IV.

DISPOSITIONS SPÉCIALES AUX CONCOURS.

ART. 19.

La présidence d'honneur des concours appartient aux préfets et aux sous-préfets, et en leur absence à l'inspecteur général des haras.

ART. 20.

La direction des opérations du jury, la police du concours et la connaissance de toutes les difficultés qui peuvent naître au sujet des distributions de primes appartiennent à l'inspecteur général des haras, ou, à son défaut, au directeur ou au sous-directeur du dépôt d'étalons de la circonscription.

ART. 21.

Dans tous les concours d'animaux de l'espèce chevaline, qu'ils soient subventionnés ou non par l'État, le jury chargé de la distribution des primes est nommé par le Directeur général des haras.

Chaque jury se compose, indépendamment de l'inspecteur général des haras ou de son délégué, *président*, d'un officier de la remonte militaire et de trois membres choisis sur une liste de neuf candidats, présentés par le préfet. Suivant les circonstances, et à la demande du président, un vétérinaire peut être adjoint au jury avec voix consultative.

ART. 22.

Les programmes des concours sont préparés par les soins des préfets, de concert avec l'inspecteur général, et soumis à l'approbation du directeur général, avant d'être livrés à la publicité.

Les programmes, ainsi que les placards-affiches qui les résument, devront toujours relater ladite approbation, et faire mention de la composition du jury, de la quotité ou de la répartition des primes ou prix alloués, en distinguant les fonds de l'État de ceux qui proviennent de la libéralité des départements, des villes, des sociétés ou comices, et relater les conditions attachées à l'obtention ou au payement de ces mêmes primes.

Des exemplaires imprimés de ces programmes seront, en nombre suffisant, envoyés à la Direction des haras.

ART. 23.

Dans ses décisions, le jury se conformera strictement aux règles édictées dans les programmes. Il ne devra distribuer les prix, primes, médailles ou mentions honorables, qu'autant que les animaux présentés en seraient dignes : à moins de clause expresse il ne pourra opérer de virements de prix d'une catégorie à une autre.

Si, faute de sujets méritants, les fonds accordés par l'État ne pouvaient trouver, dans un concours, un utile et sérieux emploi, ces fonds devraient être mis en réserve pour recevoir l'affectation que leur donnerait ailleurs l'administration supérieure.

ART. 24.

Les jugements prononcés par le jury sont rendus à la majorité des voix : en cas de partage la voix du président est prépondérante.

ART. 25.

A la suite de chaque concours il sera dressé un procès-verbal détaillé des opérations qui auront été faites. Ce procès-verbal devra particulièrement indiquer le nombre des animaux de chaque classe ou espèce qui auront été présentés; l'origine et le signalement des juments, poulains ou pouliches qui auront obtenu des primes, avec le nom et la demeure de leurs propriétaires.

Il sera signé par les membres du jury et par le préfet, qui en transmettra immédiatement une expédition à la Direction générale des haras.

ART. 26.

Tout propriétaire ayant obtenu une prime dans un concours pourra réclamer un extrait du procès-verbal. Cet extrait, certifié par le préfet, sera délivré sans autres frais que ceux du papier timbré.

TITRE V.

ÉTALONS APPROUVÉS. — ÉTALONS AUTORISÉS.

ART. 27.

A partir de 1862, aucun cheval entier ne sera admis au nombre des étalons approuvés, s'il n'est exempt de tares et de maladies transmissibles, s'il ne réunit les qualités propres à améliorer l'espèce chevaline, s'il n'est âgé de 4 ans au moins et s'il n'a pas subi des épreuves publiques.

Il pourra, quant aux conditions d'âge et d'épreuves seulement, être dérogé à la règle qui précède en faveur des chevaux de gros trait.

ART. 28.

Pour être proposés à la prime, les étalons devront mesurer au garrot le minimum de taille ci-après indiqué ;

1m,46 pour les chevaux arabes de pur sang;
1m,50 pour les chevaux anglo-arabes de pur sang;
1m,54 pour les chevaux anglais de pur sang;
1m,52 pour les chevaux de demi-sang;
1m,54 pour les chevaux de trait.

ART. 29.

L'approbation est valable pour un an ; elle peut être renouvelée aussi longtemps que l'étalon est jugé apte au service de la reproduction.

Dans le cas où quelque tare ou vice héréditaire viendrait à se manifester pendant le cours de la monte, chez l'étalon approuvé, l'approbation pourra être retirée sur un avis motivé de l'inspecteur général des haras.

ART. 30.

Le titre constatant l'approbation sera délivré au nom du Ministre, par le Directeur général des haras. La prime à allouer au propriétaire de l'étalon, conformément aux propositions de l'inspecteur général, y sera expressément dénommée.

La quotité de la prime est susceptible d'augmentation ou de diminution dans les années suivantes, selon le degré de mérite de l'étalon et la valeur de ses produits.

ART. 31.

Tout étalon approuvé autre que de pur sang sera ostensiblement, et en toute circonstance, porteur d'une plaque en métal, de la dimension de 42 millimètres, fournie par l'administration.

ART. 32.

Les étalons approuvés ne doivent être employés à la monte que dans le département déterminé sur le titre même qui constate l'approbation.

Le propriétaire de l'animal jugé digne de la prime sera, en conséquence, tenu de déclarer à l'inspecteur général des haras de son ressort, dans quel département il entend consacrer son cheval au service de la reproduction. Si, dans le cours de la monte, il veut faire rouler ou stationner son cheval dans un département voisin, il devra en aviser ce même fonctionnaire et en obtenir une autorisation spéciale. Faute d'observer cette formalité il perdra ses droits à la prime.

ART. 33.

Chaque année, pendant la saison de monte, l'inspecteur général des haras visitera ou fera visiter, par les chefs de dépôts placés sous ses ordres, les étalons approuvés, afin de reconnaître si ces animaux sont en bonne condition, ou s'il ne leur est point survenu quelque tare ou vice héréditaire pouvant nuire à leur service et de nature à justifier le retrait de l'approbation (art. 29.)

Il examinera ou fera examiner les registres de monte des étalonniers, les annotera, s'il y a lieu, et y apposera son visa.

ART. 34.

Les registres de monte ci-dessus spécifiés seront fournis par l'Administration. Il seront à talons, numérotés et parafés à l'avance, sur chaque feuillet, par le directeur de la circonscription, chaque talon représentant le même numéro et les mêmes indications que les cartes de saillie à délivrer par l'étalonnier aux propriétaires de juments.

Dans le cas où l'étalonnier jugerait insuffisant le nombre de cartes de saillies à lui fournies, il devra introduire une demande auprès du directeur du dépôt d'étalons, à l'effet d'obtenir l'envoi d'un registre supplémentaire; cette demande énoncera la quantité de feuilles nécessaires.

Les feuilles de chaque nouveau registre seront numérotées et parafées par le directeur, à l'exemple de celles envoyées en premier lieu.

ART. 35.

A la suite de la monte, les talons seront envoyés, avec les états récapitulatifs des saillies, faits en double expédition et revêtus des visas des maires des communes où la monte aura eu lieu, ainsi que de ceux des préfets ou sous-préfets d'arrondissement. Après avoir été contrôlés dans chaque établissement, à l'aide desdits talons, ces états seront transmis au Directeur général des haras avec les certificats d'approbation : les talons seront restitués aux propriétaires.

ART. 36.

La même carte d'approbation pourra servir pour un étalon approuvé pendant plusieurs années; dans cette circonstance, la mention du maintien et celle de la quotité de la nouvelle prime seront faites au verso du titre.

Les médailles d'approbation seront changées tous les ans.

ART. 37.

La totalité de la prime d'approbation ne sera due qu'autant que l'étalon approuvé aura sailli, savoir :

L'étalon de pur sang (arabe, anglo-arabe ou anglais), 30 juments;

L'étalon de demi-sang, 40 juments;

L'étalon de trait, 50 juments.

Dans le cas où ces nombres ne seraient pas atteints, le décompte pour le payement de la prime sera fait proportionnellement au chiffre des juments saillies.

Aucune prime ne sera payée si l'étalon n'a pas sailli la *moitié* du nombre des juments qui lui est dévolu, suivant sa catégorie.

Les pouliches âgées de moins de trois ans qui figureraient sur les états de monte d'un étalon approuvé ne seront point comptées pour la liquidation des droits à la prime.

ART. 38.

Aucun étalon n'aura droit à la prime comme cheval de pur sang, s'il n'est tracé au *Stud-Book français*, ou si ses titres généalogiques n'ont été reconnus valables par la commission instituée *ad hoc*.

ART. 39.

Sera déchu de tout droit à la prime le propriétaire d'un cheval approuvé qui, *au 15 juin de l'année suivant celle dans laquelle l'approbation aura été consentie*, n'aura pas fourni les pièces justificatives exigées par l'article 35.

ART. 40.

Dans chaque dépôt d'étalons appartenant à l'État il sera tenu un registre des étalons approuvés, où seront consignés les titres d'approbation au fur et à mesure qu'ils auront été délivrés, et les indications portées sur ces titres. On y mentionnera aussi des renseignements sommaires sur la conformation du cheval, ses qualités et ses défauts, le nombre de juments par lui saillies, ses productions, le montant des primes annuellement concédées, et toutes autres données propres à éclairer l'inspecteur général des haras.

ART. 41.

Les directeurs de dépôts accompagneront, chaque fois qu'ils en seront requis, les inspecteurs généraux en tournée, pour l'examen des étalons présentés à l'approbation.

La visite se fera, autant que possible, au domicile des propriétaires; néanmoins, là où les animaux présentés à l'approbation se trouveront agglomérés dans un petit rayon, les inspecteurs généraux pourront faire choix d'un point central de réunion.

La désignation de ces différents points de réunion sera portée à la connaissance des autorités départementales, assez longtemps à l'avance pour que les intéressés puissent être prévenus et prendre leurs mesures. Il en sera donné avis au Directeur général des haras.

ART. 42.

Lorsque les inspecteurs généraux des haras auront terminé leurs tournées dans une circonscription, ils dresseront, indépendamment des feuilles spéciales de contrôle, un état général des étalons qu'ils proposent à l'approbation. Cet état classera les animaux par ordre de mérite, en les distinguant par les dénominations de : *très-bons*, — *bons*, — *assez bons*.

Ces diverses pièces seront immédiatement transmises au Directeur général des haras.

ART. 43.

En dehors des étalons *approuvés*, les inspecteurs généraux désigneront les étalons qu'ils jugeraient dignes d'être *autorisés*.

L'autorisation sera constatée par une carte spéciale délivrée, en notre nom, par le Directeur général des haras, et par une médaille en bronze d'un module semblable à celui adopté pour les étalons approuvés.

ART. 44.

Toute usurpation de titre d'approbation, toute qualification frauduleuse dûment constatée entraînera, s'il s'agit d'un étalon primé, la suppression de la prime, sans préjudice des mesures sévères qui pourraient être prises contre le délinquant et provoquées par le Ministre, sur les rapports des inspecteurs généraux et du Directeur général des haras.

TITRE VI.

DISPOSITIONS GÉNÉRALES.

ART. 45.

Sont et demeurent rapportées les dispositions contraires au présent règlement.

ART. 46.

Le Directeur général des haras est chargé de l'exécution de toutes les mesures édictées aux articles qui précèdent.

A. WALEWSKI.

Paris, le 10 février 1861.

ARRÊTÉ.

AU NOM DE L'EMPEREUR,

Le Ministre d'État,

Vu le décret organique du 19 décembre 1860, concernant les haras;

Vu l'arrêté en date du 10 février 1861;

Sur le rapport du Directeur général des haras,

Arrête :

ARTICLE PREMIER.

Les courses au trot, épreuves de dressage et courses ou galop avec obstacles sont divisées en épreuves spéciales et en épreuves générales.

Les épreuves spéciales ont pour objet les jeunes étalons et pouliches de l'âge de 3 ans, destinés à la reproduction.

Les épreuves générales sont destinées aux chevaux hongres et juments de service.

TITRE PREMIER.

ÉPREUVES SPÉCIALES POUR LES JEUNES ÉTALONS.

ART. 2.

Conformément à l'arrêté du 10 février 1861, les jeunes chevaux de demi-sang carrossiers ou de demi-sang légers, destinés à la reproduction, munis de cartes d'aptitude, seront soumis à des épreuves au trot ou au galop, avec obstacles.

Les propriétaires seront libres de choisir le genre d'épreuves auquel ils voudront soumettre leurs chevaux.

ART. 3.

Tout propriétaire d'un cheval réunissant les conditions énumérées ci-dessus devra faire savoir à la commission, la veille du jour fixé pour les courses, dans quel genre d'épreuves il veut l'engager. Le cheval sera présenté le matin du jour de la course, afin que son identité soit constatée.

ÉPREUVES AU TROT.

ART. 4.

Les épreuves au trot auront lieu à la selle ou à l'attelage.

ART. 5.

Les chevaux entiers, nés et élevés en France, et âgés de 3 ans, seront seuls admis à concourir.

En outre de la carte d'aptitude spécifiée à l'article 2, les propriétaires justifieront de l'origine et de l'identité de leurs chevaux par la production de certificats, conformément aux règlements des haras impériaux.

ART. 6.

Les courses d'attelage auront lieu le cheval attelé seul.

ART. 7.

Dans les courses de chevaux montés, les poids réglementaires seront de 65 kilogrammes.

ART. 8.

Chaque cheval pourra concourir plusieurs fois dans les courses spéciales. Le vainqueur d'un prix portera 6 kilogrammes de surcharge ; de deux prix, 10 kilogrammes.

ART. 9

La longueur du parcours sera de 4,000 mètres pour les chevaux attelés et montés.

ART. 10.

Il ne sera pas fixé de maximum de temps pour les épreuves. Toutefois, la vitesse sera constatée au moyen du chronomètre, et il en sera tenu compte.

ART. 11.

Des prix qui varieront de 300 francs à 1,200 francs seront accordés aux jeunes poulains. Le nombre de ces prix sera déterminé par l'importance des hippodromes.

ART. 12.

Dans les contrées où l'on s'occupe de l'élevage du cheval de trait, il y aura des prix destinés aux épreuves des chevaux de trait légers de l'âge de 3 ans. Ces épreuves auront lieu le cheval attelé seul. La réglementation des épreuves des jeunes étalons de demi-sang leur est applicable.

COURSES AU GALOP AVEC OBSTACLES.

ART. 13.

Il sera établi des courses au galop avec obstacles pour juger le mérite des jeunes étalons de selle âgés de 3 ans.

ART. 14.

La piste sera coupée de barrières ou de haies de 1 mètre à 1 mètre 20 centimètres de hauteur, disposées à environ 300 mètres de distance l'une de l'autre. Le parcours sera de 2,100 mètres, en une seule épreuve.

ART. 15.

Les prix seront gradués de 500 francs à 1,500 francs.

TITRE II.

ÉPREUVES SPÉCIALES POUR LES POULICHES.

ART. 16.

Hors le cas de maladie constatée par un vétérinaire, tout propriétaire d'une pouliche ayant obtenu au printemps une prime réglementaire de l'État sera tenu de la présenter aux courses spéciales.

ART. 17.

Des prix qui varieront de 200 francs à 800 francs seront accordés aux pouliches.

ART. 18.

Ces courses auront lieu au trot, à la selle; la distance à parcourir sera de 2 kilomètres.

ART. 19.

Le poids à porter pour chaque pouliche sera :

Dans la division du Nord, de 60 kilogrammes;

Dans la division du Midi, de 55 kilogrammes.

TITRE III.

ÉPREUVES GÉNÉRALES POUR LES CHEVAUX DE SERVICE.

ART. 20.

Indépendamment des épreuves au trot mentionnées au titre II, il sera accordé, dans toutes les localités où l'utilité en sera reconnue, des prix de dressage, des prix de trot et de courses avec obstacles pour les chevaux de carrosse ou de selle, pouvant convenir au commerce de luxe.

ART. 21.

Les prix de dressage destinés aux chevaux hongres et aux juments de 4 à 5 ans, ont pour but de mettre en évidence la régularité et l'élégance des allures.

Les courses au trot et les courses avec obstacles ont pour objet de faire reconnaître l'énergie des chevaux et leur aptitude au service.

ÉPREUVES DE DRESSAGE.

ART. 22.

Les chevaux admis aux primes de dressage devront parcourir au trot une distance de 2,000 mètres; ils seront essayés, montés, attelés seuls ou par paire.

ART. 23.

Les prix de dressage ne pourront être obtenus qu'une fois par les mêmes chevaux. Le cheval primé dans un concours ne pourra l'être dans un autre.

COURSES AU TROT.

ART. 24.

Dans les grands centres d'élevage, des courses au trot auront lieu pour chevaux hongres et juments de 4 et 5 ans, montés et attelés.

ART. 25.

Les chevaux montés porteront :

Dans la division du Nord, à 4 ans, 65 kilogrammes; à 5 ans, 70 kilogrammes;

Dans la division du Midi, à 4 ans, 60 kilogrammes; à 5 ans, 65 kilogrammes.

Tout cheval ayant gagné une somme de 1,500 francs dans les courses au trot portera une surcharge de 4 kilogrammes; une somme de 3,000 francs, 8 kilogrammes; une somme de 4,500 francs, 10 kilogrammes; une somme de 6,000 francs et au-dessus, 15 kilogrammes.

La distance à parcourir est de 4,000 mètres.

ART. 26.

Ne sera pas admis à courir :

Le cheval qui n'aura pas la taille déterminée ci-après :

1 mètre 56 centimètres à 4 ans, et 1 mètre 58 centimètres à 5 ans, dans les départements formant la division du Nord;

1 mètre 52 centimètres à 4 ans, et 1 mètre 54 centimètres à 5 ans, dans les départements formant la division du Midi.

COURSES AVEC OBSTACLES POUR CHEVAUX HONGRES ET JUMENTS DE COMMERCE.

ART. 27.

Les courses de chevaux de service seront communes aux chevaux hongres et aux juments de l'âge de 4 à 5 ans, et réunissant les conditions de taille suivantes :

1 mètre 56 centimètres à 4 ans, 1 mètre 58 centimètres à 5 ans, dans la division du Nord;

1 mètre 52 centimètres à 4 ans, 1 mètre 54 centimètres à 5 ans, dans la division du Midi.

ART. 28.

Les barrières et les haies seront établies comme il a été dit en l'article 14 et de même hauteur. Le parcours sera de 2,100 mètres.

ART. 29.

Les prix seront au nombre de deux, savoir : 1,500 francs au premier arrivé, 1,000 francs au deuxième.

TITRE IV.

DISPOSITIONS GÉNÉRALES AUX COURSES AU TROT.

ART. 30.

Dans les courses au trot, soit attelées, soit montées, tout cheval dont l'allure cesse d'être celle du trot, doit être arrêté, pour repartir dans une allure régulière.

La commission sera juge de la mise hors concours de tout cheval qui aurait fourni une partie plus ou moins étendue de la carrière au galop. Elle prendra telle mesure qu'elle jugera convenable pour assurer l'entière exécution de cette disposition.

ART. 31.

Dans aucune des courses au trot établies en France, sur les fonds de l'Administration des haras, il ne sera admis à monter ou à conduire les chevaux que des jockeys ou des cochers français.

ART. 32.

Les commissions se réuniront pour la réception des chevaux l'avant-veille du premier jour des courses, ou, s'il y a lieu, la veille.

ART. 33.

Les courses attelées auront lieu isolément; le chronomètre désignera le rang d'arrivée.

ART. 34.

Tout propriétaire peut engager plusieurs chevaux dans une même course. Le même cheval peut courir plusieurs prix le même jour.

TITRE V.

CONCOURS DE DRESSAGE POUR CHEVAUX ET JUMENTS PROPRES À LA SELLE.

ART. 35.

En outre des prix spécifiés au présent règlement, trois prix spéciaux pour le Nord et trois prix spéciaux pour le Midi seront accordés aux chevaux hongres et juments de 5 à 6 ans, nés et élevés en France, réunissant au plus haut degré les conditions de perfection de dressage, de beauté de formes et de supériorité à toutes les allures. Ces chevaux seront exercés devant la commission, soit dans le manége, soit dans la carrière; ils devront sauter les barrières et être habitués au bruit du tambour et des détonations des armes à feu, afin de réunir les conditions qui font le bon cheval d'armes et le beau cheval de luxe.

Pour les chevaux du Nord, la taille sera de 1 mètre 58 centimètres au moins.

Pour les chevaux du Midi, 1 mètre 54 centimètres au moins.

Pour être admis à concourir dans ces prix, les animaux devront avoir été préalablement présentés à la commission et acceptés par elle. La valeur de ces prix sera de 1,000 à 4,000 francs; il y sera ajouté un objet d'art.

ART. 36.

Sont et demeurent abrogées toutes dispositions contraires au présent règlement.

ART. 37.

Le Directeur général des haras est chargé de l'exécution des mesures édictées aux articles qui précèdent.

A. WALEWSKI.

Paris, le 12 février 1861.

ARRÊTÉ.

AU NOM DE L'EMPEREUR.

LE MINISTRE D'ÉTAT,

Vu le décret organique du 19 décembre 1860 sur les haras;
Vu les arrêtés des 19 mars 1857 et 31 janvier 1858 sur les courses;
Sur le rapport du Directeur général des haras,

ARRÊTE :

ARTICLE PREMIER.

Le deuxième paragraphe de l'article 2 de l'arrêté du 31 janvier 1858 est modifié comme il suit :

1re classe :

Grand prix de l'Empereur, Grand prix de l'Impératrice, Grand prix du Prince Impérial.	Pour chevaux n'ayant jamais gagné le même prix. Les chevaux de 4 ans et au-dessus ayant été qualifiés pour le Derby de l'Ouest ou celui du Midi porteront 5 kilogrammes de moins.

ART. 2.

Les distances, les poids, l'âge des chevaux aptes à courir, les lieux et époques des courses, pour les prix classés sur les terrains de Paris et de Chantilly, sont fixés conformément au tableau ci-après :

Lieux des courses.		Époque des courses.	Désignation des prix.	Montant des prix.	Âge des chevaux.	Distances à parcourir.	Poids en kilogrammes.			
							3 ans.	4 ans.	5 ans.	6 ans et au-dessus.
1re classe.	Paris......	Printemps.	Grand prix de l'Impératrice.	15,000f	4 ans et au-dessus......	5,000m en une épreuve..	"	60	65	67 1/2
	Paris......	Automne..	Grand prix du Prince impérial	10,000	3 ans..............	3,200 en une épreuve..	56	"	"	"
	Paris......	Automne..	Grand prix de l'Empereur...	20,000	4 ans et au-dessus.	6,200 en une épreuve...	"	62	65	66 1/2
2e classe.	Paris......	Printemps.	Prix impérial............	4,000	3 ans et au-dessus.	4,000 en une épreuve..	50	60 1/2	64 1/2	66 1/2
	Chantilly..	Printemps.	Prix impérial.	5,000	4 ans et au-dessus......	4,000 en partie liée....	"	60	64	65 1/2
	Paris......	Automne..	Prix impérial.	5,000	4 ans et au-dessus......	4,800 en une épreuve...	"	60	63	64
3e classe.	Paris......	Printemps.	Prix principal..........	4,000	3 ans..............	2,000 en une épreuve..	55	"	"	"
	Paris......	Automne...	Prix principal...........	4,000	3 ans et au-dessus.	4,000 en une épreuve...	53	61	64	65
	Paris......	Automne...	Prix principal...........	3,000	3 ans..............	2,400 en une épreuve..	55	"	"	"
4e classe.	Paris.	Printemps.	Prix spécial.............	2,000	3 ans..............	2,000 en une épreuve..	55	"	"	"
	Chantilly..	Printemps.	Prix spécial.............	2,000	3 ans et au-dessus.....	2,000 en partie liée....	52	61	63 1/2	65
	Paris......	Automne..	Prix spécial.............	3,000	3 ans et au-dessus......	2,400 en partie liée....	54	60 1/2	62	62 1/2
			Total.......	77,000						

ART. 3.

Le terrain des courses de Longchamps, près Paris, bien que compris dans la division du Nord, est considéré comme terrain neutre.

Tous les prix classés pourront, en conséquence, y être disputés par les chevaux des deux divisions.

Ces prix donnent lieu à une entrée :

De 100 francs pour les prix spéciaux;
De 200 francs pour les prix principaux;
De 300 francs pour les prix impériaux;
De 300 francs pour le grand prix du Prince Impérial;
De 400 francs pour le grand prix de l'Impératrice;
De 500 francs pour le grand prix de l'Empereur.

Le forfait sera égal à la moitié de l'entrée, et, dans chaque course, la moitié des entrées appartiendra au second.

ART. 4.

Les engagements pour ces divers prix auront lieu chaque année, à l'époque indiquée au programme approuvé par le Directeur général des haras.

ART. 5.

Le même cheval pourra être engagé pour le même jour dans plusieurs des prix classés ci-dessus.

ART. 6.

Toute disposition antérieure et contraire aux dispositions qui précèdent est et demeure rapportée.

ART. 7.

Le Directeur général des haras est chargé de l'exécution du présent arrêté.

A. WALEWSKI.

Paris, le 14 février 1861.

CIRCULAIRE A MM. LES PRÉFETS.

Paris, le 1er mars 1861.

Monsieur le Préfet,

J'ai l'honneur de vous adresser trois arrêtés que son Exc. M. le Ministre d'État vient de prendre, sur ma proposition, au sujet des encouragements à l'espèce chevaline.

Le premier, en date du 10 février courant, concerne les concours de poulinières, de pouliches, de chevaux entiers et hongres, l'approbation et l'autorisation des étalons.

Le second, daté du 12, se rapporte aux épreuves instituées pour les poulains et pouliches destinés à la reproduction, et à celles pour les chevaux hongres et les juments de service.

Le troisième réglemente les courses de Paris et de Chantilly.

Ces arrêtés, Monsieur le Préfet, consacrent, sauf quelques points encore à l'étude, les principes énoncés dans la circulaire du 12 février 1861 que j'ai adressée aux inspecteurs généraux des haras, et dont un exemplaire vous a été transmis. C'est dans cette pièce que se trouvent exposés les principes que la Direction générale des haras se propose de suivre; elle peut servir de commentaire général aux arrêtés ci-joints, et me permet de n'appeler votre attention, dans la présente dépêche, que sur quelques dispositions spéciales qui abrogent ou complètent celles précédemment en vigueur.

Parmi les innovations les plus essentielles apportées au régime antérieur, je vous signalerai l'ensemble des mesures par lesquelles le cheval de demi-sang et de trait léger n'est plus seulement jugé d'après sa conformation, mais sur des épreuves qui constatent ses qualités réelles. Je ne me dissimule pas que, dans un pays comme la France, où la situation de la production chevaline est très-diverse, ce principe ne peut recevoir d'application que dans une mesure variable, et j'ai compté, Monsieur le Préfet, sur la connaissance que vous possédez des circonstances locales pour m'éclairer sur cette importante question.

Les dispositions de l'arrêté du 10 février qui ont pour objet de scinder, pour les faire marcher parallèlement, ces deux industries, celle de l'étalon et du cheval de service, sont également dignes de votre examen particulier. La sélection des jeunes poulains susceptibles de devenir de bons reproducteurs, la castration de tous les autres, conseillée officieusement et encouragée par des primes, m'a paru le moyen le plus propre à atteindre ce résultat. J'espère qu'il aura votre assentiment, et je vous demande de vouloir bien, au besoin, lui donner votre bienveillant appui.

Vous remarquerez, Monsieur le Préfet, que le même arrêté fait revivre, à l'article 43, la classe des étalons *autorisés;* seulement, à la différence de ce qui avait lieu sous l'empire de l'arrêté du 27 octobre 1847, ce n'est plus d'après l'avis des commissions départementales, mais sur les propositions des inspecteurs généraux, que cette qualification sera désormais accordée. J'ai pensé, en effet, que l'unité dans la direction des encouragements était une garantie de leur efficacité; je me hâte de déclarer, en même temps, pour aller au-devant de toute susceptibilité, que je prendrai, avant tout pour guide, les intérêts de chaque localité, et par conséquent les qualités qui, dans les races locales, sont de nature à satisfaire le mieux ces intérêts.

Les étalons *approuvés* et *autorisés* porteront, à l'avenir, une plaque indicative de leur titre. Cette mesure a été prise en vue des fraudes qui résultent de la confusion des identités, et dans le but aussi de démonétiser, pour ainsi dire, les étalons tarés qui ne seront pas pourvus du brevet accordé aux autres; j'espère qu'elle réussira, sinon à prévenir le mal, du moins à en atténuer la gravité. J'appelle, du reste, d'une façon toute spéciale, la surveillance des agents des haras sur cette partie du service.

Afin de ne pas contrarier l'action des départements ou des sociétés qui s'imposent des sacrifices pour constituer de meilleurs éléments de reproduction, la clause qui excluait en principe de l'approbation les animaux achetés par ces départements ou ces sociétés et concédés à des particuliers à titre gratuit, n'a pas été maintenue dans le règlement des étalons approuvés. Toutefois il peut arriver que, soit présentement, soit à un moment donné de l'avenir, l'industrie étalonnière soit constituée assez fortement dans un pays déterminé pour pouvoir se passer de cette intervention directe d'un département ou d'une société. Il pourra y avoir lieu d'examiner alors s'il ne serait pas convenable de remplacer cette intervention par une simple prime analogue à celle de l'État.

L'organisation des concours de poulinières n'est pas sensiblement modifiée. Vous voudrez bien remarquer, toutefois, que le jury comprendra désormais cinq membres au lieu de quatre, et que cette commission, de laquelle devra toujours faire partie le commandant des remontes de la circonscription, sera nommée par l'administration supérieure, même lorsqu'il s'agit d'un concours non subventionné par l'État. Il ne sera pas non plus de rigueur, comme auparavant, que le poulain à la suite de la jument provienne d'un étalon impérial, approuvé ou même autorisé : l'accès le plus libre est ouvert aux produits des anciennes générations, tandis que pour les pouliches destinées à faire souche nouvelle, une sévérité plus grande a été possible; toutes devront indistinctement recevoir un étalon de l'une de ces trois catégories.

L'arrêté relatif aux courses de Paris et de Chantilly ne demande pas d'explications. Vous verrez, monsieur le Préfet, qu'il a pour but de répartir en prix classés la presque totalité de la subvention affectée à ces deux hippodromes, et de créer trois prix considérables, dont deux pourront être disputés avec une modération de poids de 5 kilogrammes par les chevaux de 4 ans et au-dessus de la division du Midi et de l'arrondissement de l'Ouest. Le résultat de cet avantage, accordé sur une demande de la Société d'encouragement de Paris, sera d'amener sur les hippodromes de Longchamps et de Chantilly les meilleurs chevaux de France, et de produire une grande émulation parmi les éleveurs d'animaux de pur sang.

Ces remarques générales suffiront, Monsieur le Préfet, pour vous donner l'esprit des trois arrêtés ci-joints. Veuillez, je vous prie, en étudier les détails, et, si l'application vous paraissait difficile en quelques points, pour votre département, je vous serai obligé de me soumettre vos observations.

Je vous serai également obligé de prendre les mesures convenables, à cette fin que le texte de ces divers actes officiels reçoive la plus grande publicité possible.

Recevez, Monsieur le Préfet, l'assurance de ma considération très-distinguée.

L'aide de camp, premier écuyer de l'Empereur,
Directeur général des Haras,

Général FLEURY.

RAPPORT A S. EXC. LE MINISTRE D'ÉTAT.

Paris, le 30 janvier 1862.

Monsieur le Ministre,

Les décisions ministérielles relatives aux courses de chevaux se résument dans trois arrêtés principaux. L'un, en date du 17 février 1853, constitue, à proprement parler, le règlement; il prescrit les mesures d'administration, de police et les règles générales applicables aux courses. Les deux autres, datés du 8 novembre 1850 et du 31 janvier 1858, fixent la répartition, le classement et les conditions des prix donnés par l'État, dont ils présentent le programme.

Depuis que l'arrêté réglementaire est en vigueur, l'expérience n'a indiqué aucun changement important à apporter à ses dispositions, mais seulement quelques lacunes qu'il est nécessaire de combler. Les articles à ajouter dans ce but trouveront leur place dans un arrêté réglementaire qu'il est préférable de publier à nouveau dans son entier, plutôt que d'en laisser les prescriptions éparses dans plusieurs décisions successives.

Quant au programme des prix classés, tout en conservant une classification adoptée depuis longtemps, et qui donne de bons résultats, il y a lieu de décider, dès aujourd'hui, un remaniement dans un sens plus libéral. La division des prix en quatre classes, l'interdiction pour le gagnant d'un prix d'une classe de concourir pour ceux d'une classe inférieure, les surcharges imposées aux gagnants des prix de même classe, constituent une organisation simple, pratique, et répondant bien au but que l'État se propose en encourageant les courses. Mais, on ne saurait plus aujourd'hui reconnaître le même caractère d'utilité, ni au partage de la France en deux divisions, pour chacune desquelles des prix sont exclusivement affectés aux chevaux y ayant résidé un certain temps, ni à l'existence, dans la division du Nord, d'une troisième ircouscription, sous le nom d'*arrondissement de l'Ouest.*

Les encouragements de l'État doivent avoir pour but, non pas de favoriser l'industrie de certaines localités, mais d'obtenir la meilleure production possible. S'il a paru nécessaire de déroger à ce principe et de protéger, par des allocations spéciales, le premier développement de l'élevage du cheval de course dans certaines parties du territoire, l'administration a évité de donner à ces exceptions plus d'importance qu'elles n'en comportaient. Ainsi la dotation réglementaire de l'arrondissement de l'Ouest n'est que de 12,000 francs, et l'arrêté du 31 janvier 1858 n'attribue exclusivement que 37,500 francs à la division du Midi et 30,500 francs à celle du Nord, et affecte à tous les chevaux français, sans distinction, les 121,000 francs restants.

Mais les 200,000 francs de prix ainsi classés ne forment plus guère aujourd'hui que le quart de la somme totale affectée aux courses plates. La munificence impériale, les prix non classés de l'État, les libéralités des villes, des départements et des sociétés d'encouragement, en même temps qu'elles portent à plus de 800,000 francs le budget des courses, ont eu pour effet de modifier complétement les proportions de cette somme entre les différentes circonscriptions, et de changer les conditions stipulées par l'arrêté ministériel pour la qualification des chevaux.

Dans la division du Nord, presque tous les prix ont été donnés à tous les chevaux français sans distinction ; souvent même, dans le but d'attirer des concurrents plus nombreux, on accorde des avantages de poids aux chevaux des circonscriptions voisines.

Dans la division du Midi, au contraire, et dans l'arrondissement de l'Ouest, les prix sont, la plupart du temps, réservés exclusivement aux chevaux de la circonscription, et, pour en rendre l'accès plus difficile, au lieu du séjour d'un ou deux ans, prescrit par l'arrêté ministériel, on stipule des conditions de naissance et de résidence perpétuelle infiniment plus restrictives. Les résultats de cette tendance peuvent se mesurer par des chiffres.

En 1861, 809,800 francs ont été offerts en prix pour les courses plates; si on en déduit 45,300 francs spécialement affectés à de petites circonscriptions locales ou aux chevaux non tracés, il reste 764,500 francs.

Sur cette somme :

411,700 francs, soit un peu plus de la moitié, sont accessibles à tous les chevaux français, sans distinction et à conditions égales;

30,500 francs représentent les prix classés exclusivement attribués aux chevaux du Nord;

116,500 francs sont exclusivement réservés à la division du Midi;

52,300 francs sont exclusivement réservés à l'arrondissement de l'Ouest;

45,600 francs sont exclusivement réservés à ces deux circonscriptions réunies.

108,200 francs restent ouverts à tous les chevaux francais, mais avec des avantages de poids pour ceux du Midi et de l'Ouest.

Ces deux circonscriptions jouissent donc, soit d'un privilége exclusif, soit de faveurs spéciales pour les 3/7 de la somme totale des prix, sans préjudice de leur droit de concourir, à conditions égales, pour tout le reste, sauf 30,500 francs.

Le propre des protections destinées à favoriser l'introduction d'une industrie sur certains points devrait être de diminuer à mesure que cette industrie se développe; pour nos circonscriptions de courses c'est le contraire qui a lieu. Sous l'influence des tendances locales, on en est venu à un état de choses qui constitue, non plus une protection modérée, mais un véritable privilége que rien ne justifie, et qui, comme toutes les choses excessives, finirait par périr par sa propre exagération. Parmi les éleveurs qui produisent nos meilleurs chevaux, plusieurs se préoccupent déjà d'échapper aux conséquences d'une organisation qui, par le seul fait de leur établissement dans le Nord, frappe leur industrie d'exclusion ou la place dans des conditions désavantageuses pour près de la moitié du montant des prix. Il leur suffira de transporter leurs écuries dans le Midi ou l'Ouest, pour enlever à des concurrents mal préparés le monopole dont ils jouissent et l'exploiter ensuite à leur tour.

Avant leur organisation en arrondissement spécial, les départements de l'Ouest faisaient déjà de bons chevaux. Ceux qu'ils ont produits depuis n'ont été ni beaucoup meilleurs, ni même beaucoup plus nombreux.

Dans le Midi, la production a pris un grand développement; mais à l'ombre de la protection qui la couvre elle est encore loin d'avoir donné, au point de vue de la qualité des produits, des résultats en rapport avec l'augmentation de leur nombre. Trouvant dans les courses largement dotées de leur circonscription une besogne suffisante et une rémunération convenable, les meilleurs chevaux de la division évitent de disputer, même sur leur propre terrain, et avec des avantages de poids, les prix ouverts aux chevaux du Nord.

Si l'infériorité des chevaux de course élevés dans le Midi ou l'Ouest était un fait inévitable, l'administration devrait cesser de les encourager; car il n'y a aucune raison de soutenir artificiellement une industrie là où elle n'a aucune chance de réussir aussi bien qu'ailleurs. Mais rien ne montre qu'il en soit ainsi. Jusqu'à ces dernières années, on niait aussi la possibilité de faire en France d'aussi bons chevaux de course qu'en Angleterre. Les prix importants gagnés chez nos voisins, par des chevaux français, ont fait justice de ce préjugé. Il en est de même de la prétendue infériorité des chevaux de l'Ouest ou du Midi: avec les mêmes soins, les mêmes sacrifices, les mêmes moyens que dans le Nord, on obtiendra dans ces circonscriptions les mêmes résultats, le jour où une réglementation moins restrictive mettra les éleveurs aux prises avec une concurrence plus redoutable.

Placée en dehors des intérêts de localité, l'administration doit se préoccuper surtout de relever le niveau de la production. C'est donc à elle qu'il appartient de donner le signal d'une organisation plus libérale, en faisant disparaître du programme officiel de ses courses, des distinctions et des priviléges qui sont un obstacle au progrès.

Une certaine diminution du nombre des naissances d'animaux de race pure serait la conséquence passagère de cette mesure, qu'il ne faudrait pas le regretter. La disparition de sujets médiocres serait largement compensée par la meilleure qualité de la masse. Mais le plus probable est qu'il n'y aura aucune diminution de la production. Il ne faut pas, en effet, perdre de vue que les prix, classés ou non classés, de l'État ne forment aujourd'hui pas la moitié des encouragements exclusivement affectés aux différentes circonscriptions. La plus grande partie de la somme est fournie par les administrations départementales et communales et par les Sociétés de courses qui, restant libres de mettre à leurs allocations les conditions qui leur conviennent, continueront, selon toute apparence, à affecter à l'industrie locale une grande partie des sommes dont elles disposent. Les poules des produits fondées par S. M. l'Empereur à Angers, Bordeaux et Mont-de-Marsan, entretiendront sur ces divers points l'émulation qu'elles ont si puissamment contribué à faire naître.

Les éleveurs des anciennes circonscriptions jouissent donc encore d'avantages particuliers considérables en dehors de la protection légitime qu'ils peuvent attendre de l'administration et qui ne leur manquera pas. Partout les étalons de tête, entretenus ou approuvés par l'État, sont répartis de façon qu'avec les facilités actuelles de communication chacun peut profiter de leur service; les meilleures poulinières reçoivent des primes: les terrains de courses et d'entraînement sont réparés ou améliorés; l'administration porte ses efforts sur tous les points où ils peuvent être utiles et, après avoir ainsi donné à tous les mêmes moyens de bien faire, elle ne doit offrir ses récompenses qu'à ceux qui auront le mieux réussi.

Les prix classés exclusivement réservés aux différentes circonscriptions ont peu d'importance relative : 30,500 francs attribués à la division du Nord, 37,500 francs à celle du Midi, 12,000 francs à l'arrondissement de l'Ouest, ne peuvent exercer une grande influence sur une industrie qui reçoit plus de 800,000 francs de prix. Mais, au point de vue des principes, il y avait un inconvénient grave à laisser ainsi la sanction réglementaire et la force d'une organisation permanente à des distinctions de naissance et de résidence, admissibles peut-être à titre d'exceptions, mais qui, devenant la règle et généralement adoptées, mettraient de sérieuses entraves au progrès, en offrant des primes importantes à la médiocrité.

Mais, en remplissant un devoir, l'administration doit ménager la transition, prendre en considération les intérêts particuliers engagés dans la question, et leur donner toutes les satisfactions compatibles avec une réforme devenue nécessaire. Elle atteindra ce but en décidant, dès aujourd'hui, en principe, l'abolition des circonscriptions, mais en fixant, pour la mise à exécution de cette mesure, une époque assez éloignée pour que les éleveurs aient le temps de s'y préparer. Le terme de trois ans ayant paru convenable aux intéressés eux-mêmes que j'ai pris soin de consulter, à dater du 1er janvier 1865, les circonscriptions seraient abolies et tous les prix classés seraient ouverts sans restrictions aux chevaux nés et élevés en France.

Cette disposition est la modification principale dont je propose l'adoption à Votre Excellence et je devais lui en exposer les motifs avec quelques développements : j'énoncerai brièvement les changements de moindre importance.

Les courses de Pompadour, dont l'existence est languissante, cesseraient d'être classées, et les prix réglementaires qui leur étaient dévolus seraient répartis entre les hippodromes de Bordeaux et de Limoges; mais, afin de ne pas brusquer la situation, cette mesure n'aurait son effet qu'à partir de 1863. L'organisation nouvelle n'apporterait aucun autre changement à la valeur ou au classement des prix actuellement attribués à chaque localité.

Les poids seraient augmentés uniformément de 2 kilog. et, pour six prix impériaux, auxquels la partie liée était encore appliquée, cette disposition cesserait d'être en vigueur et la distance serait portée de 4,000 à 4,800 mètres.

Comme il n'y a pas de raison de laisserles propriétaires d'écuries nombreuses jouir de l'avantage d'engager autant de chevaux qu'ils veulent, alors que leurs propres risques n'augmentent pas en proportion, il serait équitable, pour ceux des prix classés qui ne comportent pas d'entrée, d'interdire l'engagement de plusieurs chevaux appartenant en totalité ou en partie au même propriétaire.

Enfin, il est devenu nécessaire d'apporter au règlement quelques modifications de détail, telles que le maintien, dans certains cas, de la validité des engagements après la mort du propriétaire, l'impossibilité pour les commissaires d'exercer leurs fonctions pour des courses où ils seraient intéressés, la nomination d'une section de la Commission des courses et du *Stud-Book*, à laquelle seraient spécialement dévolues les attriblions de la commission centrale, etc.

J'ai l'honneur, en conséquence, Monsieur le Ministre, de soumettre à votre signature deux projets d'arrêtés consacrant les mesures proposées. Je prierai Votre Excellence de vouloir bien les livrer à la publicité, en les faisant précéder du présent rapport, afin de faire connaître aux éleveurs de chevaux de pur sang le nouveau règlement des courses et les considérations qui en ont inspiré les dispositions.

Agréez, Monsieur le Ministre, l'hommage de mon respect.

L'aide de camp, premier écuyer de l'Empereur,
Directeur général des Haras.

Général FLEURY.

Approuvé :

Le Ministre d'État,

A. WALEWSKI.

ARRÊTÉ RÉGLEMENTAIRE

CONCERNANT LES COURSES DE CHEVAUX.

LE MINISTRE D'ÉTAT,

Sur le rapport du Directeur général de haras;

Vu les arrêtés ministériels en date des 15 mars 1842, 26 avril 1849, 24 janvier 1850 et 17 février 1853, relatifs aux courses de chevaux,

ARRÊTE :

TITRE PREMIER.

ARTICLE PREMIER.

La présidence d'honneur des courses du Gouvernement appartient de droit aux préfets des départements.

ART. 2.

Les inspecteurs généraux des haras et les directeurs des dépôts d'étalons remplissent les fonctions de *Commissaires du Gouvernement* pour les courses; ils y assistent, les surveillent et en rendent compte au Directeur général des haras.

Ils peuvent également faire partie des commissions.

ART. 3.

Il y aura, dans chaque localité, trois commissaires des courses.

ART. 4.

La nomination des commissaires est faite par le Directeur général des haras.

Néanmoins, là où il existe des sociétés de courses, le Directeur général peut déléguer auxdites sociétés le choix des commissaires.

ART. 5.

La Commission centrale des courses et du *Stud-Book*, instituée par l'arrêté ministériel du 19 décembre 1860, élit chaque année dans son sein une section composée de sept membres pour exercer les fonctions spécifiées ci-dessous, à l'article 10.

ART. 6.

Les commissaires des courses sont chargés : de préparer le programme des courses, de le soumettre à l'approbation du Directeur général des haras; de lui donner toute la publicité désirable; de recevoir les engagements; de décider sans appel de leur validité; de fixer l'ordre des courses, lequel devra être publié vingt-quatre heures au moins à l'avance; de surveiller l'exécution des dispositions du règlement.

ART. 7.

Les commissaires prennent les dispositions qui leur paraissent convenables pour le terrain des courses, le pesage des jockeys, la désignation des juges du départ et de l'arrivée.

Dans le cas où deux commissaires sont seuls présents, ils choisissent d'un commun accord un remplaçant pour leur collègue absent. Ils ont d'ailleurs le droit de déléguer, à telle personne qu'ils jugent à propos, une partie de leurs attributions.

Ni les commissaires, ni les personnes auxquelles ils délèguent leurs fonctions, ne peuvent les exercer pour une course dans laquelle ils seraient directement ou indirectement intéressés.

ART. 8.

Toutes les réclamations ou contestations élevées au sujet des courses sont jugées par les commissaires; leurs décisions sont *sans appel*, excepté dans le cas suivant.

Lorsque, soit avant la course, soit avant la fin du pesage pour la dernière épreuve de la journée, l'identité ou la qualification d'un cheval est l'objet d'une réclamation, les commissaires ont la faculté ou de la juger eux-mêmes, ou de déférer la question à la Commission centrale des courses.

S'ils la jugent eux-mêmes, les parties ont le droit d'appeler de la décision rendue à la Commission centrale, sous la condition de notifier aux commissaires de la localité, dans les deux heures qui suivent, leur intention de se pourvoir en révision.

Dans le cas où la réclamation est faite après la fin du pesage, pour la dernière épreuve de la journée, les commissaires doivent s'abstenir de prononcer; la question se trouve *de droit* soumise à la juridiction de la Commission centrale des courses.

ART. 9.

Il sera dressé, par les soins des commissaires locaux, procès-verbal de toutes leurs opérations.

Ce procès-verbal, transmis dans le délai de vingt-quatre heures au préfet du département, sera, à la diligence de ce fonctionnaire et dans un délai semblable, adressé au Directeur général des haras.

ART. 10.

La Commission centrale des courses juge les réclamations qui lui parviennent en vertu des dispositions de l'article 8. Si sa décision implique l'existence d'une fraude, elle peut proposer au Directeur général des haras d'exclure des courses, soit complétement, soit pour un temps limité, les personnes qui se seraient rendues coupables de cette fraude.

Elle peut également, sur la plainte motivée faite contre un jockey par les commissaires d'une ou de plusieurs localités, proposer au Directeur général d'interdire à ce jockey, pendant un temps plus ou moins long, de monter dans les courses du Gouvernement.

ART. 11.

Toutes les fois qu'un jockey aura été déclaré incapable de courir pour les prix du Gouvernement, son nom et son signalement seront envoyés dans tous les lieux de courses.

ART. 12.

Les délibérations de la section de la Commission centrale des courses et du *Stud-Book*, formée en vertu de l'article 5, auront lieu à la majorité des voix.

La présence de quatre membres suffira pour rendre valables les décisions rendues : en cas de partage, la voix du président l'emportera.

TITRE II.

DE L'ENGAGEMENT ET DE LA QUALIFICATION DES CHEVAUX.

ART. 13.

Ne sont admis à courir, sauf condition contraire, que les chevaux entiers et juments nés et élevés en France jusqu'à l'âge de deux ans, dont la généalogie est inscrite soit au *Stud-Book* anglais, soit au *Stud-Book* français, ou qui ne ne sont issus que d'ancêtres dont les noms s'y trouvent insérés.

ART. 14.

Les chevaux sont considérés comme prenant leur âge du premier janvier de l'année de leur naissance.

ART. 15.

Un cheval qui n'a jamais gagné est celui qui n'a gagné ni course publique ni handicap.

ART. 16.

Lorsque des chevaux n'ayant jamais gagné ou n'ayant pas gagné certaines courses peuvent seuls être admis dans une course, il suffit, pour qu'ils soient *qualifiés*, qu'ils n'aient pas gagné avant le terme fixé pour l'engagement.

ART. 17.

Les propriétaires qui veulent faire courir leurs chevaux les engagent par lettres adressées aux commissaires des courses de la localité.

A la lettre d'engagement ils doivent joindre un certificat signé par eux et constatant le signalement, l'âge et l'origine de leurs chevaux.

Les certificats de naissance et, quand il y a lieu, les certificats de résidence doivent être contrôlés et visés par le directeur du dépôt d'étalons dans la circonscription duquel le cheval est né ou a résidé.

Si la mère du cheval a été couverte par plusieurs étalons, ceux-ci doivent tous être nommés.

ART. 18.

Le cheval qui a déjà couru dans une localité peut être engagé sans qu'il soit nécessaire de présenter de certificat; il doit seulement être indiqué sous les mêmes désignations.

ART. 19.

Dans tous les cas, les commissaires ont la faculté de ne valider les engagements qu'après avoir obtenu à l'appui des certificats ou des désignations de chevaux toutes les preuves qui leur paraîtraient nécessaires.

ART. 20.

Si un cheval est engagé sous une fausse désignation, il est *disqualifié*, c'est-à-dire qu'il ne peut courir, et que son propriétaire doit néanmoins payer le forfait, ou la totalité de la mise, s'il n'y a pas forfait, ou si l'époque à laquelle il doit être déclaré est passée.

Si le cheval a été exactement désigné, et que de cette désignation même il résulte qu'il n'est pas qualifié pour la course dans laquelle ou l'engage, l'engagement est alors annulé, et le propriétaire ne doit pas d'entrée.

ART. 21.

Aucun cheval ne peut gagner un prix lorsqu'il a été prouvé qu'il a couru sous une fausse désignation; il est alors regardé comme disqualifié et distancé. Cette disqualification continue jusqu'à ce que sa désignation exacte ait été établie et admise.

On ne peut, en tous cas, réclamer l'application de cette disqualification plus de six mois après que la course a eu lieu.

ART. 22.

Si une objection contre la qualification d'un cheval est faite *avant la course*, la preuve de la validité de la qualification doit être fournie par le propriétaire du cheval.

Quand, au contraire, la réclamation est élevée *après la course*, les preuves à l'appui doivent être données par la personne qui réclame. Les commissaires peuvent néanmoins exiger tous les éclaircissements désirables du propriétaire du cheval.

ART. 23.

Dans le cas prévu par le premier paragraphe de l'article précédent, les commissaires fixent au propriétaire une époque avant laquelle il doit fournir la preuve de la qualification de son cheval. Jusque-là, *l'argent* est retenu.

Si les preuves ne sont pas établies à l'époque déterminée, le prix est remis au propriétaire du cheval arrivé second, et, s'il n'y a point de second, le montant du prix fait retour au crédit de l'Administration des haras, dans les courses du Gouvernement.

Quant aux entrées ainsi devenues libres, dans les prix où il en existe, elles sont versées au fonds de course des sociétés particulières ou des villes.

L'argent provenant de cette source est considéré comme un dépôt temporaire qui, l'année suivante, doit être intégralement employé à former de nouveaux prix.

ART. 24.

Si le prix ou les entrées ont été touchés avant la disqualification d'un cheval, l'argent est rendu et employé de la manière indiquée ci-dessus.

ART. 25.

L'engagement d'un cheval est annulé si la personne au nom de laquelle il a été engagé meurt avant l'époque fixée pour le payement de l'entrée ou du forfait. Dans les courses où il est stipulé que le forfait ou l'entrée doit être représenté par un billet, l'époque du payement sera considérée comme fixée au jour de la souscription de ce billet.

TITRE III.

DISPOSITIONS GÉNÉRALES CONCERNANT LES COURSES.

ART. 26.

Toute réclamation contre l'exactitude du mesurage des distances à parcourir doit être faite avant la course aux commissaires ou à leurs délégués.

ART. 27.

A l'heure fixée pour chaque course, la cloche sonne, et si, un quart d'heure après, tous les jockeys ne sont pas prêts, le signal du départ peut être donné sans attendre les retardataires.

ART. 28.

Les commissaires ou leurs délégués font peser les jockeys avant la course; mais ils ne sont pas responsables des erreurs commises à ce pesage.

Après la course, ils peuvent faire peser de nouveau tous les jockeys.

ART. 29.

La place des chevaux au départ est tirée au sort.

ART. 30.

Dès que la personne nommée pour donner le signal du départ à appelé les jockeys pour prendre leurs places, les propriétaires des chevaux qui se présentent au poteau doivent leurs *entrées* entières.

ART. 31.

La même personne peut faire ranger les jockeys en ligne, aussi loin en arrière du point de départ qu'elle le juge convenable.

ART. 32.

Lorsque, dans une course, un jockey en pousse un autre, le croise, ou l'empêche par un moyen quelconque d'avancer, le cheval monté par ce jockey peut être distancé, ainsi que tout autre cheval appartenant entièrement ou en partie au même propriétaire.

Si les commissaires reconnaissent que le jockey a agi avec mauvaise intention, ils peuvent lui interdire pour un temps de monter dans les courses de la localité.

Si les faits paraissent plus graves encore, les commissaires en réfèrent à la Commission centrale des courses, qui peut alors proposer au Directeur général des haras d'infliger au délinquant la punition portée au deuxième paragraphe de l'article 10.

ART. 33.

Le jockey qui désobéit aux commissaires est passible des mêmes peines ci-dessus spécifiées.

ART. 34.

Quand, en courant, un cheval passe en dedans des poteaux, il est distancé, à moins qu'on ne le fasse retourner et rentrer dans la lice à l'endroit même où il en est sorti.

ART. 35.

Si, dans une course en une seule épreuve, deux chevaux arrivent ensemble au but, de telle façon que le juge ne puisse décider lequel des deux a gagné, ces deux chevaux recourent une demi-heure après la dernière course de la journée.

Les autres chevaux ne recourent plus et prennent leurs places comme si la course avait été terminée la première fois.

ART. 36.

Après la course, les jockeys doivent rester à cheval jusqu'à l'endroit où ils sont pesés; s'ils descendent avant d'y arriver, les chevaux qu'ils montent sont distancés.

ART. 37.

Si, par suite d'un accident, un jockey est hors d'état de retourner à cheval jusqu'aux balances, il peut, mais dans ce cas seulement, y être conduit ou porté.

ART. 38.

Si un jockey tombe et que son cheval soit monté et conduit au but par une personne dont le poids soit suffisant, le cheval prend sa place comme si l'accident n'avait pas eu lieu, pourvu toutefois qu'il soit reparti de l'endroit où le jockey est tombé.

ART. 39.

Tout cheval n'ayant pas porté le poids déterminé par les conditions de la course est distancé.

A l'exception des fers, tout ce que porte le cheval peut être pesé.

ART. 40.

Toute réclamation sur la manière dont un jockey a monté doit être faite avant la fin du pesage.

Elle doit être adressée, par le propriétaire réclamant, par l'entraîneur ou par son jockey, aux commissaires, au juge de la course ou à la personne chargée de présider au pesage des jockeys.

ART. 41.

Pour qu'un cheval ait effectivement gagné un prix, il faut qu'il ait rempli toutes les conditions énoncées au programme de la course, alors même qu'aucun concurrent ne se serait présenté.

Dans ce dernier cas, il est passible, pour l'avenir, des surcharges imposées aux gagnants de ce prix.

TITRE IV.

DES COURSES EN PARTIE LIÉE.

ART. 42.

Dans les courses en partie liée, aucun propriétaire ne peut faire courir plus d'un cheval lui appartenant en totalité ou en partie, quand même les chevaux seraient engagés sous les noms de personnes différentes.

Sont formellement interdits tous arrangements par lesquels des propriétaires de chevaux partants s'intéresseraient les uns les autres dans leurs chances de gagner.

La qualification d'un cheval ne peut pas être contestée, à raison de ce qui précède, plus de six mois après la course.

ART. 43.

Dans les courses en partie liée, la place des chevaux au départ est tirée au sort avant chaque épreuve.

ART. 44.

Dans les mêmes courses, si le juge ne peut décider quel est le cheval gagnant, l'épreuve est nulle et tous les chevaux peuvent recourir, à moins que les deux arrivés ensemble au but n'aient gagné chacun une épreuve.

ART. 45.

Si trois chevaux gagnent chacun une épreuve, ils doivent seuls recourir ensemble.

ART. 46.

Quand une course en partie liée est gagnée en deux épreuves, la place des chevaux est fixée par celle qu'ils ont eue dans la seconde épreuve.

Lorsqu'il y a trois épreuves, le second cheval est celui qui a gagné une épreuve.

S'il y a quatre épreuves, les chevaux sont placés dans l'ordre de leur arrivée à la quatrième épreuve.

ART. 47.

Pour les courses en partie liée, un poteau est placé à *cent mètres* en arrière du but. Les chevaux qui n'ont point dépassé ce poteau, lorsque le premier cheval dépasse le but, sont distancés et ne peuvent plus courir les épreuves suivantes.

TITRE V.

DES SURCHARGES ET DIMINUTIONS DE POIDS.

ART. 48.

Les pouliches et les juments portent un kilogramme et demi de moins que le poids indiqué pour les poulains et pour les chevaux.

ART. 49.

Quand, d'après les conditions d'une course, une surcharge est attribuée aux chevaux ayant gagné d'autres courses, cette surcharge est imposée aux chevaux qui ont gagné après leur engagement comme à ceux qui ont gagné auparavant.

Lorsqu'une diminution de poids est accordée aux chevaux qui n'ont point gagné, ils ne profitent pas de cet avantage s'ils gagnent après leur engagement dans cette course.

ART. 50.

Les surcharges ne peuvent être cumulées.

Les chevaux qui en sont passibles ne doivent porter que la plus forte surcharge.

ART. 51.

Lorsqu'une surcharge est imposée aux gagnants de prix d'une certaine valeur, on doit compter en ajoutant au montant des prix toutes les entrées qui y ont été réunies, celles du cheval gagnant exceptées.

Si le prix consistait en un objet d'art ou autre, les entrées sont seules comptées.

Les gagnants de paris particuliers ne sont pas passibles de surcharges.

TITRE VI.

DES ENTRÉES.

ART. 52.

Tout engagement qui n'est pas accompagné du montant de l'entrée ou du forfait exigé, dans les courses où des entrées sont admises, peut être refusé.

ART. 53.

A moins de condition contraire, le montant des entrées est réuni au prix.

ART. 54.

Lorsque, dans un prix, les entrées doivent revenir en totalité ou en partie au second cheval, elles sont réunies au fonds de course s'il n'y a pas de second cheval.

Si deux chevaux arrivent ensemble au but, de façon que le juge ne puisse décider lequel est second, l'argent destiné à celui-ci est partagé entre eux.

ART. 55.

Aucun propriétaire ne peut faire courir un cheval, à moins que toutes les entrées ou forfaits dont il peut être débiteur n'aient été payés avant la première course du jour où son cheval doit courir, et cela sans préjudice des poursuites qui peuvent être exercées contre lui.

Aucun cheval ne peut non plus courir tant que les entrées et les forfaits dus pour ses engagements n'ont pas été payés.

Aucun cheval ne peut partir dans une course si toutes les entrées dues pour cette course par la personne qui l'a engagé ne sont pas payées. Dans ce dernier cas, l'opposition doit être faite la veille de la course.

ART. 56.

Pour que la réclamation soit admise, le réclamant doit produire un certificat délivré par les commissaires de la localité où les entrées sont dues, et visé à l'Administration centrale.

TITRE VII.

DES PRIX À RÉCLAMER.

ART. 57.

Lorsque, dans les conditions d'une course, le gagnant est à réclamer pour une certaine somme, le droit de réclamation s'exerce de la manière suivante :

Dans le quart d'heure qui suit la course, toute personne ayant l'intention de réclamer le gagnant doit remettre aux commissaires une lettre cachetée, contenant l'offre d'un prix, qui ne peut être inférieur à celui fixé par les conditions de la course ou par le propriétaire dans son engagement. Le quart d'heure expiré, les lettres sont ouvertes par les commissaires, et le cheval réclamé appartient à la personne qui a fait l'offre la plus élevée. Le propriétaire n'a droit qu'à la somme pour laquelle il avait mis son cheval à réclamer, et l'excédant, s'il y en a, reste au fonds de courses.

Cet excédant doit être payé de suite aux commissaires, ou à leur délégué, faute de quoi la réclamation est considérée comme non avenue, et le cheval appartient à la personne qui a fait l'offre immédiatement inférieure.

Le cheval réclamé n'est livré qu'après avoir été payé ; il doit l'être le jour même de la course ; plus tard on ne peut plus exiger qu'il soit livré. Cependant le propriétaire peut forcer celui qui l'a réclamé à le prendre et à le payer.

ART. 58.

Si le gagnant d'une course où le vainqueur peut être réclamé est engagé pour l'avenir dans des courses publiques ou particulières, la personne qui le réclame n'est obligée à payer aucun de ses engagements, à moins qu'elle n'en profite en le faisant courir.

Le droit de profiter des engagements cesse d'exister si l'interdiction en est formulée dans la lettre d'engagement pour le prix à réclamer.

TITRE VIII.

ART. 59.

Toutes dispositions contraires concernant les courses sont et demeurent rapportées.

ART. 60.

Le Directeur général des haras est chargé de l'exécution du présent arrêté.

Paris, le 30 janvier 1862.

A. WALEWSKI.

ARRÊTÉ

FIXANT LA RÉPARTITION, LE CLASSEMENT ET LES CONDITIONS DES PRIX DE COURSE.

LE MINISTRE D'ÉTAT,

Sur le rapport du Directeur général des haras;

Vu le décret organique du 19 décembre 1860, concernant les haras;

Vu les arrêtés ministériels des 8 novembre 1850, 17 février 1853, 7 février et 18 mars 1857, 31 janvier 1858 et 14 février 1861, relatifs aux courses de chevaux,

ARRÊTE :

ARTICLE PREMIER.

Les prix de courses sont divisés en deux catégories : *prix classés* au règlement, *prix non classés*.

Chaque année, le Ministre détermine la répartition et les conditions relatives aux *prix non classés*.

ART. 2.

Les prix classés sont répartis et réglés comme il suit :

Ire CLASSE. — GRAND PRIX DE L'EMPEREUR, GRAND PRIX DE L'IMPÉRATRICE, GRAND PRIX DU PRINCE IMPÉRIAL..........	Pour chevaux n'ayant jamais gagné le même prix. Les chevaux de quatre ans et au-dessus, ayant été qualifiés pour le Derby de l'Ouest ou celui du Midi, porteront 5 kilogrammes de moins.
IIe CLASSE. — PRIX IMPÉRIAUX...........	Pour chevaux n'ayant jamais gagné de prix de 1re classe. Le gagnant d'un prix de 2e classe portera 2 kilogrammes de surcharge; de plusieurs de ces prix, 4 kilogrammes.
IIIe CLASSE. — PRIX PRINCIPAUX..............	Pour chevaux n'ayant jamais gagné de prix de 1re classe ou de 2e classe, et ayant résidé un an sans interruption dans la division. Le gagnant d'un prix de 3e classe portera 3 kilogrammes de surcharge; de plusieurs de ces prix, 4 kilogrammes.
IVe CLASSE. — PRIX SPÉCIAUX..............	Pour chevaux de toute espèce ayant résidé deux ans sans interruption dans la division, et n'ayant jamais gagné de prix de 1re, 2e ou 3e classe. Le gagnant d'un prix de 4e classe portera 3 kilogrammes de surcharge; de plusieurs de ces prix, 4 kilogrammes.

ART. 3.

Pour les prix de 3e et 4e classe, la France est partagée en deux divisions :

La *Division du Nord,* qui comprend les 41 départements suivants : Aisne, Ardennes, Aube, Calvados, Charente, Charente-Inférieure, Côtes-du-Nord, Doubs, Eure, Eure-et-Loir, Finistère, Ille-et-Vilaine, Jura, Loire-Inférieure, Maine-et-Loire, Manche, Marne, Marne (Haute-), Mayenne, Meurthe, Meuse, Morbihan, Moselle, Nord, Oise, Orne, Pas-de-Calais, Rhin (Bas-), Rhin (Haut-), Saône (Haute-), Sarthe, Seine, Seine-et-Marne, Seine-et-Oise, Seine-Inférieure, Sèvres (Deux-), Somme, Vendée, Vienne, Vosges, Yonne;

La *Division du Midi,* qui embrasse les 47 départements ci-après : Ain, Allier, Alpes (Basses-), Alpes (Hautes-), Alpes-Maritimes, Ardèche, Ariége, Aude, Aveyron, Bouches-du-Rhône, Cantal, Cher, Corrèze, Côte-d'Or, Creuse, Dordogne, Drôme, Gard, Garonne (Haute-), Gers, Gironde, Hérault, Indre, Indre-et-Loire, Isère, Landes, Loire, Loire (Haute-), Loiret, Loir-et-Cher, Lot, Lot-et-Garonne, Lozère, Nièvre, Puy-de-Dôme, Pyrénées (Basses-), Pyrénées (Hautes-), Pyrénées-Orientales, Rhône, Saône-et-Loire, Savoie, Savoie (Haute-), Tarn, Tarn-et-Garonne, Var, Vaucluse, Vienne (Haute-).

ART. 4.

Le terrain des courses de Paris, bien que compris dans la division du Nord, est considéré comme terrain neutre.

Les prix spéciaux et principaux pourront, en conséquence, y être disputés par les chevaux des deux divisions.

ART. 5.

A partir du 1er janvier 1865, les divisions du Midi et du Nord seront supprimées, et les prix des deux dernières classes seront ouverts à tous les chevaux nés et élevés en France, sans distinction.

A partir de la même époque, l'arrondissement de l'Ouest, créé par arrêté du 8 novembre 1850, sera également supprimé.

ART. 6.

La valeur, les distances, le poids, l'âge des chevaux aptes à courir, les lieux et époques des courses, sont fixés, pour les prix classés ci-dessus, conformément au tableau suivant :

LIEUX de course.	ÉPOQUES des courses.	DÉSIGNATION des prix.	MONTANT des prix.	ÂGE des chevaux.	DISTANCES à parcourir.	POIDS EN KILOGRAMMES. 3 ans.	4 ans.	5 ans.	6 ans et au-dessus.
			fr.						
Pau	Avril	Prix principal	2,500	3 ans et au-dessus	3,000^m	50 1/2	62	66	67 1/2
Bordeaux	Avril	Prix spécial	2,000	3 ans	2,500^m	56	″	″	″
		— principal	3,000	3 ans et au-dessus	3,000^m	50 1/2	62	66	67 1/2
		— principal	3,000	*Idem*	2,000^m partie liée	51	62	65	66 1/2
		— impérial	4,000	4 ans et au-dessus	4,500^m	″	57	61 1/2	63
Limoges	Mai	Prix spécial	1,500	3 ans	2,000^m	56	″	″	″
		— principal	2,500	3 ans et au-dessus	3,000^m	50 1/2	62	66	67 1/2
		— impérial	4,000	4 ans et au-dessus	6,000^m	″	57	61 1/2	63
Angers	Juin	Prix spécial	1,500	3 ans	2,000^m	56	″	″	″
		— principal	2,500	3 ans et au-dessus	3,000^m	51 1/2	62	65 1/2	67
Toulouse	Juillet	Prix spécial	1,500	3 ans	2,000^m	56	″	″	″
		— principal	2,500	3 ans et au-dessus	3,000^m	52 1/2	62	65	66 1/2
Mont-de-Marsan	*Idem*	Prix spécial	1,500	3 ans	2,500^m	56	″	″	″
		— principal	2,500	3 ans et au-dessus	3,000^m	52 1/2	62	65	66 1/2
		— impérial	4,000	4 ans et au-dessus	4,500^m	″	57	60 1/2	62
Saint-Brieuc	*Idem*	Prix spécial	1,500	3 ans	2,500^m	56	″	″	″
		— principal	2,500	3 ans et au-dessus	2,000^m partie liée	53	62	64	65 1/2
Boulogne-sur-Mer	*Idem*	Prix spécial	2,000	3 ans et au-dessus	2,500^m	53	62	64	65 1/2
		— impérial	4,000	4 ans et au-dessus	4,800^m	″	57	60 1/2	62
Rennes	*Idem*	Prix spécial	2,000	3 ans et au-dessus	2,500^m	53	62	64	65 1/2
		— impérial	4,000	4 ans et au-dessus	4,800^m	″	57	60 1/2	62
Caen	*Idem*	Prix spécial	2,000	3 ans	2,500^m	56	″	″	″
		— principal	3,000	3 ans et au-dessus	2,000^m partie liée	53	62	64	65 1/2
		— impérial	4,000	4 ans et au-dessus	5,000^m	″	57	60 1/2	62
Le Pin	Août	Prix spécial	1,500	3 ans	2,500^m	56	″	″	″
		— principal	2,500	3 ans et au-dessus	3,000^m	53 1/2	62	65 1/2	66
Tarbes	*Idem*	Prix spécial	2,000	3 ans	2,500^m	56	″	″	″
		— principal	3,000	3 ans et au-dessus	2,000^m partie liée	54	62	64	65 1/2
		— impérial	4,000	4 ans et au-dessus	4,800^m	″	57	60 1/2	62
Moulins	*Idem*	Prix principal	3,000	3 ans et au-dessus	2,000^m partie liée	54	62	64	65 1/2
		— impérial	4,000	4 ans et au-dessus	5,000^m	″	57	60 1/2	62
Le Mans	*Idem*	Prix spécial	1,500	3 ans	2,500^m	56	″	″	″
		— principal	2,500	3 ans et au-dessus	3,000^m	53 1/2	62	65 1/2	66
Nantes	*Idem*	Prix principal	3,000	3 ans et au-dessus	3,000^m	53 1/2	62	65 1/2	66
		— impérial	4,000	4 ans et au-dessus	4,800^m	″	57	60 1/2	62
Blois	*Idem*	Prix spécial	2,000	3 ans et au-dessus	2,500^m	54	62	64	65 1/2
		— impérial	4,000	4 ans et au-dessus	4,800^m	″	57	60 1/2	62
Périgueux	Septembre	Prix spécial	1,500	3 ans	2,500^m	56	″	″	″
		— principal	2,500	3 ans et au-dessus	3,000^m	54 1/2	62	64	65
		— impérial	4,000	4 ans et au-dessus	4,800^m	″	57	60	61
Craon	*Idem*	Prix principal	2,500	3 ans et au-dessus	3,000^m	54 1/2	62	64	65
1re classe. Paris	Printemps	Grand prix de l'Impératrice	15,000	4 ans et au-dessus	5,000^m	″	60	65	67 1/2
Idem	Automne	Grand prix du Prince Impérial	10,000	3 ans	3,200^m	56	″	″	″
Idem	*Idem*	Grand prix de l'Empereur	20,000	4 ans et au-dessus	6,200^m	″	62	65	66 1/2
2e classe. Paris	Printemps	Prix impérial	4,000	3 ans et au-dessus	4,000^m	50	60 1/2	64 1/2	66 1/2
Chantilly	*Idem*	*Idem*	5,000	4 ans et au-dessus	4,000^m partie liée	″	60	64	65 1/2
Paris	Automne	*Idem*	5,000	*Idem*	4,800^m	″	60	63	64
3e classe. Paris	Printemps	Prix principal	4,000	3 ans	2,000^m	56	″	″	″
Idem	Automne	*Idem*	4,000	3 ans et au-dessus	4,000^m	53	61	64	65
Idem	*Idem*	*Idem*	3,000	3 ans	2,400^m	56	″	″	″
4e classe. Paris	Printemps	Prix spécial	2,000	3 ans	2,000^m	56	″	″	″
Chantilly	*Idem*	*Idem*	2,000	3 ans et au-dessus	2,000^m partie liée	52	61	63 1/2	65
Paris	Automne	*Idem*	3,000	*Idem*	2,400^m	54	60 1/2	62	62 1/2

ART. 7.

S'il arrive qu'un cheval coure seul pour un des prix ci-dessus spécifiés, il devra fournir la distance à raison de 9 secondes par cent mètres.

ART. 8.

Les engagements se feront l'avant-veille de chaque journée de course, avant six heures du soir, entre les mains des commissaires des courses de chaque localité et au domicile indiqué par le programme.

ART. 9.

A peine de nullité de l'engagement, le même cheval ne pourra être engagé le même jour dans plus d'un des prix classés ci-dessus.

ART. 10

Les prix classés à Paris et à Chantilly donnent lieu à une entrée :

De 100 fr. pour les prix spéciaux;
De 200 fr. pour les prix principaux;
De 300 fr. pour les prix impériaux;
De 300 fr. pour le grand prix du Prince Impérial;
De 400 fr. pour le grand prix de l'Impératrice;
De 500 fr. pour le grand prix de l'Empereur.

Le forfait sera égal à la moitié de l'entrée, et, dans chaque course, la moitié des entrées appartiendra au second.

ART. 11.

Les engagements pour les prix classés, donnés à Paris et à Chantilly, auront lieu chaque année à l'époque indiquée au programme approuvé par le Directeur général des haras, et le même cheval pourra être engagé le même jour pour plusieurs de ces prix.

ART. 12.

Pour les prix classés qui ne donnent pas lieu au payement d'une entrée, il ne pourra être engagé, à peine de nullité, plus d'un cheval appartenant en totalité ou en partie au même propriétaire.

ART. 13.

Le Directeur général des haras est chargé de l'exécution du présent arrêté.

Paris, le 30 janvier 1862.

A. WALEWSKI.

ANNEXE.

ÉCHELLE DES POIDS AYANT SERVI AU TABLEAU DES PRIX DE COURSES.

I. Courses pour chevaux .... { de 3 ans courant seuls entre eux..... / de 4 ans courant seuls entre eux..... } 56 kilogrammes.

II. Courses pour chevaux de 3 ans et au-dessus.

MOIS.	DISTANCES de 2,000 à 2,500 mètres.				DISTANCES de 3,000 à 3,500 mètres.				DISTANCES de 4,000 à 6,200 mètres.			
	3 ans.	4 ans.	5 ans.	6 ans et au-dessus.	3 ans.	4 ans.	5 ans.	6 ans et au-dessus.	3 ans.	4 ans.	5 ans.	6 ans et au-dessus.
Avril et mai.......	51	62	65	66 1/2	50 1/2	62	66	67 1/2	49	62	66 1/2	68
Juin.............	52	62	64 1/2	66	51 1/2	62	65 1/2	67	50 1/2	62	66	67 1/2
Juillet...........	53	62	64	65 1/2	52 1/2	62	65	66 1/2	51 1/2	62	65 1/2	67
Août............	54	62	64	65 1/2	53 1/2	63	65 1/2	66	52 1/2	62	65 1/2	67
Septembre........	55	62	63 1/2	64	54 1/2	62	64	65	53 1/2	62	65	66
Octobre.........	55 1/2	62	63 1/2	64	55	62	64	65	54	62	65	66

III. Courses pour chevaux de 4 ans et au-dessus.

MOIS.	DISTANCES de 2,000 à 2,500 mètres.			DISTANCES de 3,000 à 3,500 mètres.			DISTANCES de 4,000 à 6,200 mètres.		
	4 ans.	5 ans.	6 ans et au-dessus.	4 ans.	5 ans.	6 ans et au-dessus.	4 ans.	5 ans.	6 ans et au-dessus.
Avril et mai......	57	60	61 1/2	57	61	62 1/2	57	61 1/2	63
Juin	57	59 1/2	61	57	60 1/2	62	57	61	62 1/2
Juillet...........	57	59	60 1/2	57	60	61 1/2	57	60 1/2	62
Août............	57	59	60	57	59 1/2	61	57	60 1/2	62
Septembre........	57	58 1/2	59	57	59	60	57	60	61
Octobre..........	57	58 1/2	59	57	59	60	57	60	61

ARRÊTÉ

RÉGLEMENTAIRE DES HARAS.

AU NOM DE L'EMPEREUR.

Le Ministre d'État,

Vu les décrets impériaux du 4 juillet 1806 et du 6 janvier 1807;

Vu les ordonnances royales des 29 janvier 1823, 16 janvier 1825, 19 juin 1832, 10 décembre 1833, 24 octobre 1840, 12 novembre 1842 et 22 juin 1846;

Vu l'arrêté du pouvoir exécutif en date du 11 décembre 1848;

Vu les décrets des 15 octobre 1849 et 17 juin 1852;

Vu le décret organique du 19 décembre 1860;

Ensemble les arrêtés, décisions, instructions, règlements et circulaires concernant le service des haras;

Considérant qu'il importe au bien du service de réunir, dans un seul règlement, les dispositions éparses dans les décrets et ordonnances précités;

Considérant qu'il y a lieu d'en modifier plusieurs et d'en abroger d'autres en ce qu'elles ont de contradictoire;

Sur le rapport du Directeur général des haras,

Arrête :

TITRE PREMIER.

PERSONNEL.

FONCTIONS ET ATTRIBUTIONS.

CHAPITRE PREMIER.

OFFICIERS ET EMPLOYÉS.

ARTICLE PREMIER.

Le Directeur général des haras exerce ses fonctions sous l'autorité immédiate du Ministre d'État.

Il est spécialement chargé :

1° De dresser le budget général et le compte rendu des dépenses, et de surveiller la comptabilité en deniers et en matières relatives au service;

2° De soumettre à l'approbation du Ministre les budgets particuliers des établissements, et toutes les dépenses spéciales à l'entretien des bâtiments et du matériel prévues au budget général; les bordereaux mensuels et comptes généraux; les rapports d'ordonnancement de dépenses ; les baux et marchés ; les règlements généraux du service ; les nominations, promotions, changements de résidence et mise en disponibilité des fonctionnaires du service ; les propositions tendant à la mise en retraite de ces mêmes agents et des employés de tout rang ; la liquidation des pensions de retraite d'après les règlements en vigueur ;

3° De proposer au Ministre l'emploi des crédits affectés à la remonte des établissements de haras et aux encouragements de toute sorte alloués à l'industrie chevaline ;

4° De pourvoir directement à la nomination et à l'avancement des palefreniers de tout grade ;

5° De notifier aux divers agents du service les décisions du Ministre ;

6° De prescrire les tournées et missions spéciales à l'intérieur comme à l'extérieur du territoire de l'Empire, sauf l'approbation du Ministre pour ces dernières, lorsque les dépenses auxquelles elles pourraient donner lieu devront dépasser le chiffre des crédits portés au budget ;

7° D'inspecter, au moins une fois l'an, tous les dépôts d'étalons, d'y contrôler les achats de chevaux effectués, d'autoriser, avec l'assentiment du Ministre, les acquisitions convenables au service, et de prononcer les réformes convenables d'animaux jugées nécessaires ;

8° D'exposer, dans un rapport annuel, adressé au Ministre, et publié au *Moniteur*, les résultats obtenus par l'Administration et l'industrie particulière.

ART. 2.

Les inspecteurs généraux, en rapport constant avec le Directeur général, ont la surveillance des dépôts d'étalons de leur arrondissement.

Ils sont chargés indistinctement des missions à l'intérieur et à l'étranger.

Ils proposent l'approbation des étalons et les primes des poulinières, ils surveillent les établissements subventionnés, écoles de dressage, etc. ils président les concours hippiques, assistent aux courses, aux foires et marchés, visitent les haras des éleveurs, et résument dans leurs mains le fonctionnement général de l'Administration.

Ils visitent les poulains de deux ans en vue de la délivrance des cartes d'aptitude, et conseillent aux éleveurs la castration de tous ceux qui ne peuvent devenir de bons étalons.

En arrivant dans un dépôt, ils vérifient avant tout l'état de la caisse et de la comptabilité.

Ils proposent les réformes et adressent au Directeur général un *Rapport* détaillé sur les différentes parties du service (modèles n°s 57, 58 et 59).

Ils consignent leurs observations dans un ordre du jour inscrit, dans chaque dépôt, sur un registre désigné sous le titre de *Livre d'ordres*, et exclusivement destiné à recevoir les ordres du Directeur général, ainsi que ceux des inspecteurs généraux à leur passage dans les établissements. Une copie des ordres du jour est envoyée à la Direction générale.

Les inspecteurs généraux proposent pour l'avancement.

ART. 3.

Les directeurs ont le commandement des dépôts et la surveillance générale de toutes les parties du service qui en dépend.

Ils assurent, au dedans et au dehors des établissements, l'exécution des règlements et des décisions du Directeur général et des inspecteurs généraux, auxquels ils doivent rendre compte de tous les faits importants qui se présentent dans le dépôt.

Ils préparent la répartition des étalons dans les stations de monte et le budget annuel de leur établissement. Leurs propositions à ce sujet sont transmises à l'inspecteur général de l'arrondissement, qui les adresse, avec son avis, au Directeur général.

Les directeurs vérifient la caisse. Ils surveillent le service des sous-directeurs et des autres officiers et employés.

Les directeurs font venir au rapport, chaque matin, tous les officiers et employés.

Il est ouvert, dans chaque dépôt, un *Registre de décisions* où sont consignées *in extenso* toutes les décisions prises par le directeur ou son remplaçant, et ayant pour objet de régler l'ensemble ou les détails de la marche du service. Les officiers en prennent copie, chacun en ce qui le concerne, sur leur carnet et séance tenante.

Les directeurs s'assurent que les palefreniers s'acquittent exactement de leurs devoirs; ils dirigent par leurs conseils les éleveurs dans les détails des accouplements, de l'hygiène et de l'éducation; ils se tiennent au courant de tous les intérêts hippiques de leur circonscription, et surveillent le service des étalons approuvés et autorisés.

Ils consignent leurs observations sur ces différentes questions dans un registre spécial intitulé *Registre d'observations*, tenu par année, et dont une copie est adressée au Directeur général, dans le courant du mois de janvier, pour l'année qui vient de finir.

Ils assistent, autant que possible, aux courses, concours, primes, et généralement à toutes les réunions hippiques de leur circonscription.

Tous les dimanches, ils passent la revue des hommes munis de leurs livrets, de l'habillement, des effets de sellerie, des ustensiles de pansage et des chevaux. Ils passent une revue générale à la fin de chaque trimestre.

1883

Lorsque les directeurs devront s'absenter, ils indiqueront, d'une manière générale, sur le livre de décisions, le service qui sera fait, et ce service ne pourra être changé pendant leur éloignement.

ART. 4.

Les sous-directeurs agents comptables sont spécialement chargés de la comptabilité des dépôts.

Ils sont soumis, pour la garantie de leur gestion, à un cautionnement versé en espèces, conformément aux dispositions consignées au chapitre V du titre COMPTABILITÉ.

Ils tiennent, jour par jour, l'état des recettes et dépenses et celui de l'entrée et de la sortie des fourrages et des autres matières de consommation.

Ils sont responsables de la caisse, dont ils ont seuls la clef, et font tous les payements; mais ils ne soldent aucune dépense que sur un bon du directeur, les fonctions d'ordonnateur et de comptable étant incompatibles.

Ils sont tenus de faire toutes les écritures, de rédiger eux-mêmes toutes les minutes de la comptabilité, et ils sont responsables de l'exactitude des copies qu'ils pourront être obligés de faire faire.

Ils ont la surveillance et la conservation des effets de sellerie, du mobilier, du matériel et des magasins; ils s'assurent de la bonne qualité des fourrages livrés par le fournisseur; ils surveillent l'exécution de l'ordre de service établi par le directeur, sans pouvoir y rien changer, et font la police intérieure de l'établissement.

Ils peuvent être chargés de concourir à l'instruction des officiers subalternes ou des gagistes.

En cas d'absence, d'empêchement ou de délégation, ils remplacent le directeur dans toutes ses fonctions, en se conformant exactement à l'ordre de service établi.

ART. 5.

Les fonctions des surveillants, placés sous l'autorité immédiate des directeurs et de leurs suppléants, consistent à assurer l'exécution des ordres relatifs au service des écuries et à la tenue de l'établissement. Ils assistent les sous-directeurs dans leurs travaux de comptabilité et de correspondance.

Ils sont initiés à toutes les questions administratives, afin qu'ils soient à même de remplir, sans embarras, les fonctions de sous-directeur, dont ils peuvent être chargés, même à titre d'intérimaires.

ART. 6.

Les vétérinaires ont le soin de tout ce qui concerne la santé des chevaux.

Ils sont, en outre, chargés de faire chaque année un cours d'extérieur, d'hygiène, de botanique fourragère et de maréchalerie pour les palefreniers.

Dans toutes les choses qui incombent à leur service ils relèvent du directeur ou de son suppléant.

Ils sont spécialement chargés de veiller à la ferrure, et responsables du matériel de la forge et des matières qui y sont employées.

Ils passent, au moins une fois par jour, la revue des chevaux.

Ils tiennent un registre sanitaire dans lequel une feuille est spécialement consacrée à chaque cheval du dépôt. Ce registre, qui est présenté à l'inspecteur général, lors de sa revue, doit contenir les procès-verbaux de l'autopsie de tous les étalons morts, avec l'indication des symptômes de la maladie et des moyens de traitement employés pour la combattre.

Une copie de ces procès-verbaux, faite par le vétérinaire, et visée par le directeur, est adressée au Directeur général, à la suite de la mort de tout cheval appartenant au dépôt.

L'état sanitaire de chaque mois est dressé par le vétérinaire.

Dans le cas où un étalon serait atteint, pendant la monte, d'une maladie grave, le directeur pourra lui donner l'ordre de se transporter sur les lieux afin de visiter le malade.

Les vétérinaires devront, dans leurs relations avec les éleveurs, user de leurs connaissances spéciales et de leur influence pour faire prévaloir les idées de l'Administration.

Les vétérinaires des haras sont autorisés à exercer au dehors, à la condition formelle que le service n'en souffrira pas et qu'ils ne découcheront jamais du dépôt sans la permission du directeur.

ART. 7.

Il est tenu, dans chaque établissement, un *Registre matricule des officiers* (modèle n° 2).

CHAPITRE II.

GAGISTES.

ART. 8.

Le brigadier-chef est chargé et responsable de la bonne tenue des écuries, des chevaux, de la sellerie et des remises, ainsi que de celle des palefreniers. Il distribue les fourrages, conformément à la feuille de consommation arrêtée par le directeur. Il est chargé d'assurer l'entretien de la propreté du dépôt.

Tous les ordres des officiers passent par lui pour être exécutés. Il fait les appels et veille à ce que les palefreniers fassent ponctuellement leur service.

Le brigadier-chef est un homme de confiance, sa surveillance est de tous les instants et ne cesse pas même la nuit.

Il ne panse des chevaux, ni en monte ni au dépôt.

ART. 9.

Les brigadiers suppléent les brigadiers-chefs dans telle partie de leur commandement qui leur est déléguée par le directeur.

Les palefreniers-brigadiers pansent les chevaux.

ART. 10.

Les palefreniers pansent trois chevaux; ils montent la garde à l'écurie à tour de rôle et en commençant par la gauche.

Il ne peuvent être dispensés, sans l'autorisation du directeur, des pansages et des promenades.

Un quatrième cheval, donné en corvée à un palefrenier, en cas d'absence ou de maladie d'un de ses camarades, n'est pas considéré comme une punition.

Le palefrenier-maréchal ne panse que deux chevaux. Il peut être dispensé de la garde pendant la ferrure.

ART. 11.

En dehors des pansages et des promenades, les palefreniers sont occupés, selon les ordres du directeur, aux travaux de propreté et d'entretien du dépôt.

ART. 12.

Il est tenu un *Registre contrôle des gagistes* (modèle n° 3), où ils sont inscrits au jour de leur admission. On y porte leurs noms et prénoms, la date et le lieu de leur naissance, celle de leur entrée à l'établissement, l'état qu'ils exerçaient auparavant, leurs services antérieurs, s'ils en comptent, enfin les renseignements sur leur conduite personnelle. On y indique si le palefrenier est célibataire, marié ou veuf, s'il a des enfants, etc.

On y consigne ensuite, et annuellement, toutes les notes relatives à la conduite, à l'aptitude de chacun, à sa tenue et à son zèle. On y relate les gratifications qui ont pu lui être accordées et les punitions qu'il a encourues.

ART. 13.

Chaque palefrenier est muni d'un *Livret* (modèle n° 65).

ART. 14.

Les directeurs font constater, par l'autorité locale, les accidents graves arrivés aux palefreniers.

ART. 15.

En cas d'une faute assez sérieuse pour faire désirer par le directeur l'expulsion d'un palefrenier, ce fonctionnaire adresse un rapport à l'inspecteur général de l'arrondissement et en transmet, en même temps, une copie au Directeur général, qui statue.

Un palefrenier renvoyé d'un dépôt ne peut rentrer dans un établissement quelconque des haras.

CHAPITRE III.

UNIFORME.

ART. 16.

Les officiers, employés et gagistes de tous grades portent un uniforme, arrêté, ainsi qu'il suit, par le Directeur général.

UNIFORME DES OFFICIERS.

Grande tenue. Frac. — En drap bleu de roi, boutonnant droit sur la poitrine, au moyen de neuf gros boutons d'uniforme en argent mat, représentant une couronne impériale, avec la légende : *Haras impériaux.*

Collet en drap écarlate; parements ronds de même couleur, fermés par deux boutons d'uniforme; deux gros boutons à la taille, retroussis, passe-poils et doublures de basques bleu de roi.

Les retroussis sont ornés de deux feuilles d'acanthe brodées en argent, en forme de palme.

Pantalon. — Bleu de roi, tombant droit sur la botte, avec bandes en galon argent du modèle des haras, de la largeur de 4 centimètres.

Petite tenue. Redingote. — En drap bleu de roi, forme dite *de marine,* croisant sur la poitrine, et fermant au moyen de cinq gros boutons d'uniforme de chaque côté; une poche extérieure sur la poitrine, fermée par un bouton; parements ronds; passe-poils en drap écarlate et fermés par deux petits boutons d'uniforme; deux gros boutons à la taille et deux au bas des pattes de poches.

Gilet. — En drap bleu à châle, boutonnant très-haut, au moyen de sept petits boutons d'uniforme; poche de montre à gauche.

Pantalon. — Semblable au pantalon de grande tenue, à l'exception du galon d'argent, qui est remplacé par une bande écarlate, de la largeur de 5 centimètres.

Casquette. — Forme anglaise, en drap bleu de roi, ornée, sur le bandeau, d'une broderie suivant le grade, et détaillée ci-dessous.

INSPECTEUR GÉNÉRAL.

Trois rangs de broderie et une baguette.

DIRECTEUR.

Deux rangs de broderie et une baguette.

SOUS-DIRECTEUR.

Un rang de broderie et une baguette.

SURVEILANT.

Un rang de broderie sans baguette.

VÉTÉRINAIRE.

Un rang de broderie sans baguette (sur velours grenat).

ASPIRANT SURVEILLANT.

Une baguette sans broderie.

Broderie. — Le modèle de broderie se compose, pour tous les officiers des haras, d'une baguette et de deux rangées de broderie entrelacées de feuilles d'acanthe, conformes au modèle. (Planche n° 2).

Les aspirants surveillants ne portent qu'une baguette et un seul rang de broderie, du même modèle que celle des officiers.

INSPECTEUR GÉNÉRAL.

Le frac est orné d'une broderie au collet, aux parements, à la poitrine, aux basques, et d'un écusson à la taille. Tout autour est brodée une baguette droite de 10 à 12 millimètres, accompagnant, sur la poitrine seulement, une broderie de 4 centimètres de largeur au bas, s'élargissant du haut, jusqu'à 7 ou 8 centimètres, Les retroussis ne sont ornés que d'une simple baguette.

DIRECTEUR.

Collet, parements, écusson, baguette autour de l'habit et sur les retroussis, sans broderie sur la poitrine.

SOUS-DIRECTEUR.

Collet, parements et écusson, sans baguette autour de l'habit.

SURVEILLANT.

Collet et parements sans écusson.

VÉTÉRINAIRE.

Collet et parements brodés sur velours grenat.

ASPIRANT SURVEILLANT.

Baguette et un seul rang de broderie au collet et aux parements.

Passementerie et coiffure. Aiguillette. — L'aiguillette, gros modèle en cannetille ou frisure argent mat et points brillants, avec ferrets du même métal, portant chacun deux aigles couronnés, se porte sur la poitrine, du côté droit, et se termine par un trèfle en argent, à l'extrémité duquel est placé un bouton d'uniforme.

Épée. — Épée à coquille dorée mat, représentant une tête de cheval; poignée en corne noire, avec filigrane; fourreau en cuir noir; bout ciselé et doré.

Sautoir. — Porte-épée en cuir verni noir.

Chapeau. — Chapeau militaire, bordé d'un galon de soie noire, du modèle des haras; cocarde tricolore, avec ganse brodée argent, formant, sur le milieu du côté droit, un écusson terminé par un gros bouton d'uniforme.

Pour l'inspecteur général, il est orné d'un tour de plumes d'autruche noires.

Éperons. — En acier poli, à tige droite et plate.

Gants. — En castor blanc.

Col. — Col militaire, en satin de soie noire.

Criménenne. — Les officiers des haras sont, ainsi que les vétérinaires, autorisés à porter, comme pardessus d'hiver, une capote dite *criménenne*, en drap satin bleu, double chaîne, doublée en coating laine noire, manches doublées en soie.

Longueur : couvrant le mollet.

Devant : croisée sur la poitrine et fermée par cinq boutons argent du modèle des haras, de chaque côté des revers; poche de poitrine à gauche, fermée par un petit bouton d'uniforme; poches sur les devants, recouvertes par une patte arrondie aux angles; manches droites à une seule couture sous le bras; collet agrafé, se relevant au besoin, et fermé par une patte et deux petits boutons grelots en argent.

Poche de portefeuille à l'intérieur, du côté droit.

Derrière : Dos large, se serrant à la taille par une martingale en drap bleu et deux gros boutons d'uniforme placés sur la couture de dessous le bras au-dessus d'une ouverture laissée dans cette couture et formant poche.

Ouverture derrière montant a la moitié de la hauteur totale du dos et fermée par une sous-patte à boutons.

Sur le côté gauche, où est fixée la martingale, est pratiquée une ouverture de 4 centimètres, bordée en cuir et destinée à la rentrer au besoin à l'intérieur du vêtement, où elle se fixe au moyen d'un bouton d'os.

Deux rondelles de cuir servent de contre-forts à l'attache des boutons de la taille.

UNIFORME DES GAGISTES.

BRIGADIER-CHEF.

Tunique. — En drap bleu foncé boutonnant droit sur la poitrine au moyen de neuf gros boutons d'uniforme (à tête de cheval avec la légende : *Haras impériaux*), collet et parements bleus passe-poilés écarlate ainsi que le devant et les jupes, deux boutons derrière la taille, deux aux pattes de poches, lesquelles sont en drap bleu, sans passe-poils, collet échancré, parements en pointe.

Deux galons de grade argent, modèle lézarde, formant écusson sur chaque manche, un petit bouton sur le parement et un deuxième sur la manche entre les deux galons.

Deux galons argent, du modèle des haras, se terminant chacun par une pointe et fixés sur le collet. (Planche n° 3.)

Pantalon. — En drap bleu tombant droit sur la botte, passe-poils écarlates, ouverture de 14 centimètres au bas de la couture extérieure, se fermant par trois petits boutons d'uniforme. Boutons doubles en cuivre pour les sous-pieds; une patte de poche de 20 centimètres de longueur sur chaque devant de pantalon, et dont la hauteur est de 7 centimètres au-dessous de la ceinture, pour le côté de la brayette, et de 15 centimètres pour le côté extérieur; cette patte se ferme par le moyen d'un bouton d'uniforme placé sur le pantalon. (Planche n° 4.)

Casquette. — En drap bleu, ornée de quatre passe-poils écarlates sur le devant, le derrière et les côtés, turban en galon d'argent du modèle des haras, visière en cuir verni, bordée en cuir blanc; jugulaire en cuir verni. (Planche n° 4.)

Cette casquette se couvre, par le mauvais temps, d'une coiffe en toile cirée.

Veste de manége. — A basque, retroussis et soubises en drap bleu, passe-poils écarlates, neuf boutons sur la poitrine, deux à la taille, deux sur la soubise et deux aux manches; collet et parements de même forme et mêmes ornements que sur la tunique. (Planche n° 4.)

BRIGADIER.

Veste. — En drap bleu à revers de 10 centimètres de largeur en haut et 8 centimètres en bas, boutonnant au moyen de sept gros boutons de chaque côté : collet bleu sans passe-poils, parements de même couleur, en pointe et passe-poilés écarlate; poches sur les côtés de 16 centimètres d'ouverture et posées à 16 centimètres de distance du bas de la veste; largeur du bas du dos 20 centimètres, longueur à 4 centimètres de la selle, l'homme étant à cheval.

Un seul galon de grade argent, modèle lézarde, formant écusson au-dessus du parement, deux boutons aux manches.

Le collet est orné d'un seul galon argent du modèle des haras et se terminant en pointe. (Planche n° 3.)

Pantalon. — Semblable à celui du brigadier-chef.

Casquette. — Semblable à celle du brigadier chef, à l'exception du galon du turban, qui est en laine écarlate du modèle des haras. (Planche n° 4.)

PALEFRENIER DE 1re CLASSE.

Veste. — Semblable à celle du brigadier, à l'exception du collet, qui est orné de deux galons en laine écarlate du modèle des haras, et formant chacun un écusson comme sur la tunique du brigadier-chef.

Un seul galon en laine écarlate, modèle cul-de-dé, au-dessus du parement. (Planche n° 3.)

Pantalon et casquette. — Semblables à ceux du brigadier.

PALEFRENIER DE 2e CLASSE.

Veste, pantalon et casquette. — Semblables à ceux du palefrenier de 1re classe, à l'exception du collet de la veste, sur lequel est posé un seul galon en laine écarlate du modèle des haras, se terminant en pointe comme sur la veste du brigadier, et du parement, qui ne porte qu'un passe-poil.

MARÉCHAL-FERRANT.

Tenue semblable à celle du palefrenier de 2e classe, et, de plus, un fer brodé argent sur chaque manche. (Planche n° 3.)

TROMPETTE.

Tenue semblable à celle du palefrenier de 2e classe, à l'exception du collet de la veste, lequel sera orné d'un galon argent du modèle des haras, et d'une trompette brodée argent sur chacun de ses angles. (Planche n° 3.)

Gilet de palefrenier. — En drap écarlate, boutonnant droit sur la poitrine au moyen de huit petits boutons d'uniforme, poches sur les côtés, manches et corsage doublés en toile cretonne, dos et manches recouverts en mérinos écarlate, ouverture de 7 centimètres au bas de la manche et fermée par un seul bouton. La longueur totale du gilet doit être de 3 centimètres de moins que celle de la veste. (Planche n° 4.)

Manteau. — Rond, en drap bleu, collet de 11 centimètres de hauteur, fermant au moyen d'une patte et de trois petits boutons d'uniforme; une forte agrafe est fixée au bas de l'encolure, et le devant se ferme par cinq gros boutons d'uniforme : le premier est à 6 centimètres de la couture de l'encolure, et le dernier à 43 centimètres du bas.

Sur les côtés sont pratiquées deux ouvertures de 30 centimètres de longueur pour laisser passer les bras; elles sont recouvertes de souspattes de 5 centimètres de largeur. (Planche n° 4.)

Calotte d'écurie ou bonnet de palefrenier. — En drap bleu, turban de même couleur, de 5 centimètres de hauteur, doublé en toile cretonne et sur le milieu duquel est placée une tresse plate dite *au boisseau*, de couleur écarlate, de la largeur de 15 millimètres. (Planche n° 4.)

Blouse. — En toile écrue, collet de 8 centimètres de hauteur, ouverture sur le devant, de 38 centimètres, fermée par deux boutons d'os et d'une agrafe à l'encolure; poches de 15 centimètres d'ouverture, fermées par un bouton sur chaque devant; manches à poignet de 5 centimètres de hauteur, fermé par un bouton; longueur de la blouse prise derrière, à partir de la couture du collet, 78 centimètres; pattes d'épaules de 7 centimètres de largeur. (Planche n° 4.)

Pantalon de treillis. — A brayette et poches de côté.

Col. — Forme droite, sans cambrure, en cuir verni doublé en toile, bavette en drap. (Planche n° 4.)

Gants. — En castor blanc. (Planche n° 4.)

Bottes. — Modèle de la cavalerie, à éperons blancs, à tige droite et plate. (Planche n° 4.)

Souliers. — A lacets. (Planche n° 4.)

ART. 17.

Les officiers au dépôt sont constamment en petite tenue.

Les directeurs donnent des ordres lorsqu'il y a lieu de prendre la grande tenue.

ART. 18.

Les brigadiers-chefs, brigadiers et palefreniers sont toujours en uniforme et dans la tenue prescrite par le directeur.

ART. 19.

Une durée réglementaire est assignée aux effets qui composent l'habillement des gagistes; les limites en sont déterminées comme il suit :

Tunique	2 ans.
Veste	2 ans.
Pantalon de drap	1 an.
Gilet	1 an.
Manteau	5 ans.
Casquette	1 an.
Calotte	2 ans.
Blouse	2 ans.
Pantalon en treillis	1 an.
Col	1 an.
Gants	6 mois.
Bottes	1 an.
Souliers	1 an.

ART. 20.

Les agents comptables inscriront, au livret de chaque gagiste, les effets d'habillement qui lui seront remis, en indiquant la date de la livraison de ces effets, et celle à laquelle ils devront avoir accompli leur durée réglementaire.

ART. 21.

Tous les effets d'habillement d'un gagiste porteront le numéro sous lequel ce gagiste sera inscrit au registre de contrôle.

ART. 22.

Il sera pourvu à l'habillement des gagistes conformément aux dispositions consignées aux articles 112 à 114 du présent règlement.

ART. 23.

Tout gagiste sortant d'un établissement pour entrer dans un autre emportera ses effets d'habillement.

ART. 24.

Tout gagiste quittant le service aura le droit de garder ceux de ses effets d'habillement (sauf le manteau) qui auront atteint plus de la moitié de leur durée réglementaire.

En cas de mort d'un gagiste, ses effets d'habillement (le manteau excepté), qui auront duré plus de la moitié du temps réglementaire, appartiendront à ses héritiers.

Dans tous les cas, lesdits effets devront être dégarnis des boutons, galons et insignes qui les spécialisent.

ART. 25.

Les autres effets seront versés au magasin, pour être utilisés jusqu'à l'expiration de la durée réglementaire.

Tout effet rentrant en magasin portera une étiquette indiquant le temps de service qu'il aura fait.

ART. 26.

Les directeurs sont responsables de la bonne tenue des officiers et gagistes sous leurs ordres.

CHAPITRE IV.

DISCIPLINE ET PUNITIONS.

ART. 27.

Les punitions infligées aux officiers et employés consistent dans :

1° Les arrêts;

2° La suppression momentanée du traitement;

3° La révocation.

Les arrêts peuvent être infligés par les inspecteurs généraux de deux à quinze jours, et par les directeurs de deux à huit jours.

Les arrêts consistent pour l'officier ou l'employé puni à rester chez lui hors le temps du service.

Tous les arrêts violés amènent la suspension.

La suspension de un à deux mois est prononcée par le Directeur général, sur le rapport de l'inspecteur général de l'arrondissement.

Le ministre prononce la révocation, sur la demande du Directeur général.

ART. 28.

Les gagistes sont passibles des punitions suivantes :

1° Les corvées;

2° Les gardes d'écurie hors tour;

3° La réprimande à la revue;

4° La mise à pied pour huit jours avec retenue des gages et l'obligation de travailler;

5° La perte des galons ou la descente d'une classe, suivant le grade;

6° L'expulsion.

Ces deux dernières punitions sont prononcées par le Directeur général, sur le rapport de l'inspecteur général de l'arrondissement.

TITRE II.

ANIMAUX.

CHAPITRE PREMIER.

EFFECTIF ET COMPOSITION.

ART. 29.

L'effectif des établissements et la proportion des chevaux des différentes espèces sont fixés par le Directeur général, selon les besoins de chaque circonscription.

Les étalons sont divisés, d'après leur origine, leur conformation et leurs aptitudes, en trois catégories, savoir :

1° Étalons de pur sang;

2° Étalons de demi-sang;

3° Gros carrossiers.

Un *Registre matricule des étalons* (modèle n° 4), où chaque cheval est inscrit sous un numéro à l'époque de son entrée, est tenu dans chaque établissement.

Ce registre présente, avec les notes annuelles du directeur et les résultats de la monte, le signalement complet de l'animal, son origine, sa provenance, le nom du vendeur et celui de l'acheteur.

ART. 30.

Aucun achat ne peut être fait, ni en France ni à l'étranger, sans l'autorisation du Directeur général.

ART. 31.

Lorsqu'un dépôt reçoit un étalon, le Directeur général fait adresser au directeur de cet établissement le signalement (modèle n° 54) du cheval, signalement qui sert de base à l'inscription au registre matricule.

A l'expiration du mois de l'entrée du cheval, le directeur transmet au Directeur général son appréciation sur cet animal, et sur son appropriation aux besoins du pays.

ART. 32.

Lors de l'inspection générale, il est établi, d'après le registre matricule des étalons, un *Contrôle signalétique* annuel (modèles n°s 60 et 61) des chevaux, portant les notes individuelles du directeur, accompagnées de celles de l'inspecteur général, et dont une expédition est jointe au rapport d'inspection de chaque dépôt.

Les directeurs auront soin de donner des renseignements précis sur les œuvres de chaque étalon.

On y joindra l'indication du nombre des juments saillies pendant les deux dernières montes, en faisant connaître les localités où ces montes ont eu lieu, et le nombre des produits nés dans l'année.

ART. 33.

Aucun cheval, non porté à la matricule, ne peut séjourner dans un dépôt d'étalons.

Sont exceptés, les chevaux de l'inspecteur général en tournée et les chevaux des directeurs, qui font partie de l'effectif dans une catégorie à part (chevaux de service). En outre, le Directeur général peut accorder aux officiers, qui en font la demande, la faveur de loger leurs chevaux dans les établissements, lorsqu'il est démontré que le service n'en souffrira pas.

CHAPITRE II.

HYGIÈNE.

ART. 34.

Le directeur fait pour son établissement un règlement intérieur qui comprend l'ordre des repas, les pansages et les exercices.

Ce règlement est envoyé à l'inspecteur général, qui le transmet, avec son avis, à l'Administration; il n'est exécutoire qu'après l'approbation du Directeur général.

Une copie de ce règlement est affichée dans les écuries.

ART. 35.

La ration moyenne est, pour l'année, de

Foin........................	4 kilogrammes.
Paille de froment............	6 ————
Avoine......................	10 litres.

Toutes les fois qu'il le juge convenable, le directeur modifie la ration individuelle, mais dans des limites telles, qu'à moins d'autorisation spéciale le total de la consommation réglementaire ne soit pas dépassé à la fin de l'année. Il fait établir et arrête, le 1er et le 16 de chaque mois, une *Feuille de consommation* journalière (modèle n° 52), indiquant la ration affectée à chaque cheval. Le sous-directeur en fait, pour chaque écurie, un extrait qui est annexé, à la fin de chaque mois, ainsi que les bons de fourrages, à la feuille de consommation.

ART. 36.

Les étalons sont pansés deux fois par jour. Les heures et la durée du pansage sont indiquées dans le règlement intérieur.

ART. 37.

Les étalons sont promenés tous les jours et exercés une heure au moins, suivant leurs aptitudes, et aux heures prescrites par le directeur.

Il est bon que les promenades se fassent souvent hors du dépôt; dans ce cas elles doivent être commandées par un officier en tenue.

Les étalons de pur sang de tête seront soumis à un exercice particulier.

Les chevaux que les officiers pourront monter seront désignés par le directeur. Ces chevaux seront montés sagement et pour eux, et toujours dans l'intervalle des pansages et des repas.

Les chevaux exercés à l'attelage ne le seront qu'aux voitures de l'Administration, et seulement à titre de promenade. *Il est expressément défendu aux directeurs et aux officiers sous leurs ordres de se servir des étalons pour leur service particulier, et de les laisser monter par des personnes étrangères à l'Administration des haras.*

Il ne pourra être dérogé à cette mesure que pour se rendre, le jour des courses, aux hippodromes voisins des dépôts.

CHAPITRE III.

MONTE.

ART. 38.

Chaque année le directeur dresse, en temps opportun, un *État de répartition* des étalons du dépôt entre les diverses stations (modèle n° 17).

Ce travail est adressé à l'inspecteur général de l'arrondissement, qui le transmet au Directeur général avec ses observations. Une fois arrêtée par la Direction générale, l'organisation de la monte ne peut être modifiée sans une autorisation spéciale.

Un *Extrait* (modèle n° 18) en est envoyé aux préfets de la circonscription pour être, par leurs soins, inséré au bulletin des actes administratifs du département.

Le directeur fait, en outre, imprimer des affiches indiquant la composition de chaque station, et en envoie aux maires de toutes les communes intéressées, avec prière de les faire apposer.

ART. 39.

Des instructions spéciales sont remises aux palefreniers chef de station, pour leur rappeler leurs devoirs et les peines qu'ils encourent en s'en écartant. La consigne imprimée des palefreniers est affichée dans un endroit apparent de l'écurie.

En cas d'accident ou de maladie, le directeur doit en être informé sur-le-champ, afin qu'il puisse prendre immédiatement les mesures nécessaires.

ART. 40.

Les écuries de monte sont concédées à l'Administration des haras à titre gratuit. Les départements ou les communes intéressés en font les frais.

Cette concession comprend :

1° Une écurie en boxes ou à stalles solides, suffisamment spacieuse, aérée et parfaitement saine;

2° Un espace clos, pour faire la monte, avec une barre d'essai;

3° Un grenier particulier fermant à clef, pouvant contenir un approvisionnement de fourrages pour un mois;

4° Un lit garni pour le palefrenier chef de station ;

5° Une table fermant à clef et deux chaises;

6° Les coffres, sceaux, cribles, brouettes, balais et ustensiles d'écurie nécessaires au service.

Les fumiers provenant de la station sont, en échange, abandonnés à qui de droit.

ART. 41.

Les adjudicataires de la fourniture des fourrages nourrissent les chevaux en monte et en route pour y aller ou en revenir.

A cet effet, le directeur exige que les marchés nécessaires soient passés en temps utile; il fait suspendre au besoin tout payement, jusqu'à ce que le service des fourrages soit assuré partout.

Dès que le directeur a reçu l'approbation de l'organisation de la monte, il communique au fournisseur la composition des stations, les rations des chevaux et l'itinéraire qu'ils suivront pour se rendre en monte et en revenir.

Les palefreniers chefs de station sont responsables de la qualité des fourrages qu'ils reçoivent; ils doivent refuser tout ce qui n'est pas dans les conditions du cahier des charges, et en rendre compte au directeur qui, en cas d'urgence, assure d'office la nourriture des étalons aux risques et périls de l'adjudicataire.

ART. 42.

Les saillies sont inscrites jour par jour sur le registre à souche préparé pour chaque étalon (modèle n° 19), et les revues doivent y être exactement mentionnées. En sus de ces renseignements, les chefs de station indiquent, aussi exactement que possible, au verso de chaque talon de carte, la conformation et les antécédents des juments présentées à la saillie.

Une jument, saillie par un étalon de pur sang, ne peut être revue par un étalon de demi-sang, et *vice versâ*.

Les cartes de saillie détachées du talon servent de quittances aux propriétaires de juments, et ne peuvent être délivrées qu'après l'acquittement du prix de saillie, lequel est exigible au premier saut.

Les talons rapportés au dépôt sont classés, reliés et conservés avec soin. Ils servent de base au *Registre de monte* (modèle n° 5).

Chaque année, le prix du saut est proposé par les directeurs pour chaque cheval, et arrêté par le Directeur général. — Il en est donné connaissance au receveur des domaines dans la caisse duquel le produit doit être centralisé.

Ce produit est versé mensuellement à la caisse des agents des domaines, au dépôt et dans les stations. — Chaque versement est appuyé d'un état des cartes délivrées.

Le versement pour solde est accompagné d'un état récapitulatif des saillies (modèle n° 21).

Le directeur remet au receveur les cartes pour lesquelles le recouvrement n'a pu être fait, afin que l'administration des domaines ait son recours.

ART. 43.

Il est recommandé aux directeurs de veiller à ce que les palefreniers rapportent des renseignements complets et exacts sur les résultats de la monte précédente (modèle n° 24),

ART. 44.

L'échange des déclarations de naissance contre des *Certificats* (modèle n° 26) délivrés par le directeur devra avoir lieu pendant l'année qui suivra la naissance. Il ne sera délivré de duplicata de certificats de naissance qu'à bon escient, et suivant le cas avec l'autorisation de l'Administration.

CHAPITRE IV.

RÉFORMES ET DÉPLACEMENTS.

ART. 45.

Aucun animal appartenant aux haras ne peut être réformé ni envoyé d'un dépôt dans un autre qu'en vertu d'une décision du Directeur général.

Immédiatement après la rentrée des étalons de la monte, les inspecteurs généraux se transportent dans chacun des dépôts de leur arrondissement, pour visiter les chevaux proposés pour la réforme par les directeurs, et envoient leur avis sur ces propositions au Directeur général, qui statue.

Le jour fixé pour la vente, les chevaux réformés sont remis aux agents des domaines et vendus par leurs soins.

Copie du procès-verbal, dressé et signé par eux, est envoyé à la Direction générale.

Les officiers et employés des haras *ne peuvent acheter ni posséder* des chevaux sortis par réforme des écuries de l'Administration.

ART. 46.

Lorsque des chevaux passent d'un dépôt dans un autre, il est remis au chef du convoi un livret contenant les indications suivantes :

Son nom, son grade et ceux de ses aides;

Le nom de l'établissement auquel il appartient;

Le nom, le signalement et la ration journalière des animaux qui lui sont confiés;

L'itinéraire;

La nomenclature des effets de sellerie qu'il emporte pour le voyage;

La somme qui lui est avancée;

Enfin, ses instructions.

Le directeur du dépôt qui envoie les chevaux y inscrit aussi une déclaration constatant l'état des animaux au moment du départ; cette déclaration est signée par le chef du convoi.

A l'arrivée des chevaux à leur destination, le directeur du dépôt qui les reçoit constate, sur le livret, l'état dans lequel ils lui sont remis, et en avise le Directeur général.

Autant que possible, les chevaux voyagent par les chemins de fer.

Toutes les dépenses faites pendant la route sont justifiées par des quittances des parties prenantes portées au livret. Tout chef de convoi, convaincu d'avoir malversé ou compromis la santé de ses chevaux, est renvoyé, sans préjudice des poursuites judiciaires qui pourraient intervenir.

TITRE III.

SERVICE INTÉRIEUR.

CHAPITRE PREMIER.

ADMINISTRATION.

ART. 47.

Il est consacré, dans chaque établissement, une pièce particulière au service du bureau, dans laquelle sont déposés la correspondance et tous les registres et papiers concernant l'Administration.

L'usage de cette pièce est commun au chef de l'établissement et au sous-directeur agent comptable, qui ne peuvent, sous aucun prétexte, faire sortir les papiers et les registres du bureau.

Une somme variable suivant l'importance des dépôts est allouée à l'agent comptable, pour frais de bureau (papier, encre, plumes, ports de lettres, etc.), chauffage et éclairage pendant les heures de travail.

Il y a dans les bureaux de tous les dépôts un nombre de cartons suffisant pour contenir, dans l'ordre indiqué ci-dessous, les pièces dont la nomenclature suit :

N° 1. Correspondance avec la Direction générale et les inspecteurs généraux.
N° 2. Correspondance avec les préfets, sous-préfets et maires.
N° 3. Correspondance avec divers.
N° 4. Circulaires, règlements.
N° 5. Budgets, avis d'ordonnancement de fonds, comptes généraux.
N° 6. Pièces justificatives.
N° 7. Affaires courantes.
N° 8. Bordereaux mensuels (année courante et année précédente).
N° 9. Fourrages, marchés, adjudications, ventes.
N° 10. Travaux et réparations.
N° 11. Documents ayant servi à la rédaction des bordereaux.
N° 12. Domaine.
N° 13. Comptabilité-matières.
N° 14. Organisation de la monte.
N° 15. Étalons approuvés et autorisés, primes aux juments de pur sang, *Stud-book* français.
N° 16. Primes en concours publics.
N° 17. Courses.
N° 18. Personnel, remises de services, pensions (officiers).
N° 19. Personnel, mouvements, pensions (gagistes).
N° 20. Masses des palefreniers, habillement.
N° 21. Certificats de naissance des chevaux.
N° 22. Objets divers.
N° 23. Inspections.
N° 24. Imprimés.

Ces cartons ne doivent contenir que les pièces de l'année courante, à l'exception de ceux qui portent les numéros 4, 5 et 8.

Au carton n° 4 il est joint un catalogue énonçant les pièces qu'il renferme.

Il existe, en outre, dans chaque dépôt, un local pour les archives, qui doivent être inventoriées et conservées avec soin.

Un choix des pièces les plus importantes sera fait tous les cinq ans et constituera les archives.

Tous les bordereaux, pièces et documents relatifs à une année sont réunis dans un seul carton qui porte son millésime.

ART. 48.

Chaque jour, à l'arrivée du courrier, le directeur, après avoir pris connaissance des dépêches, les remet au sous-directeur agent comptable, et s'assure que cet officier tient à jour et convenablement le registre de correspondance. On inscrira, sur chaque lettre reçue, son numéro d'inscription, la date de la réception, et le carton dans lequel elle doit être déposée.

ART. 49.

Il est tenu, dans chaque dépôt, un *Registre de correspondance* (modèle n° 1) où sont reproduits, soit *in extenso*, soit en analyse. les ordres, les circulaires, les décisions, les dépêches de toute nature émanant de la Direction générale, des inspecteurs généraux, des autorités locales et des divers correspondants.

ART. 50.

Le directeur rédige la correspondance en minute, le sous-directeur la copie sur le registre copie de lettres. Le sous-directeur copie aussi les rapports de toute nature portés aux registres à ce destinés.

Ces registres doivent être rédigés de telle sorte qu'un officier arrivant dans une circonscription y trouve un faisceau d'observations qui le mettent à même d'apprécier les besoins, la marche à suivre et les progrès réalisés.

ART. 51.

Tous les registres sont cotés et parafés à l'avance par le directeur.

Les registres de décisions, de punitions, de la monte et celui à souche des dépenses sont tenus par le directeur ou son remplaçant.

Les registres-inventaires de la forge et de la pharmacie sont tenus par le vétérinaire, dans les établissements où il en existe un en titre; sous le contrôle du sous-directeur, responsable des matières Les copies ou extraits de ces registres, les minutes et les copies des états sanitaires des animaux sont également faits par le vétérinaire.

Tous les autres registres, les journaux,, les minutes des comptes et états de toute nature sont rédigés par le sous-directeur.

Les copies ou extraits des registres, journaux, comptes et états, autres que ceux attribués au vétérinaire, sont faits, soit par le sous-directeur, soit par le surveillant, dans les établissements où il existe un fonctionnaire de ce grade, sous le contrôle du sous-directeur.

ART. 52.

Il est bien entendu que, si rien ne doit entraver le directeur dans la direction absolue de son dépôt, il ne doit, de son côté, engager aucune dépense à l'insu du sous-directeur agent comptable, qui est appelé à concourir, avec le directeur, à la conclusion des marchés pour fournitures à l'économie.

ART. 53.

Tous les mois, lorsque les états mensuels de comptabilité ont été préparés par le sous-directeur, cet officier en soumet les minutes au directeur, qui les vérifie, après quoi le sous-directeur en fait ou fait faire les expéditions.

ART. 54.

Le directeur veille à ce que la comptabilité mensuelle, trimestrielle et annuelle soit régulièrement tenue et exactement envoyée.

Il s'assure que les justifications sont produites dans les délais prescrits pour que le service des mandats ne souffre pas de retard. En un mot, le directeur ne fait pas de comptabilité, mais il est responsable de sa bonne tenue.

ART. 55.

Tout le travail de comptabilité et de correspondance se fait au bureau.

ART. 56.

Tous les cinq ou dix jours, il y a distribution de fourrages.

Le sous-directeur est spécialement chargé de leur réception, à laquelle il doit toujours présider, assisté du vétérinaire.

Il veille à ce que la qualité des denrées de toute nature soit conforme aux exigences du cahier des charges, et à ce que les quantités prescrites soient exactement délivrées. En cas de fraude constatée sur la qualité ou la quantité, il refuse et arrête la distribution, et rend compte sur-le-champ au directeur, qui prend les mesures indiquées dans le cahier des charges de l'adjudication pour la nourriture des étalons.

CHAPITRE II.

OBJETS DIVERS.

ART. 57.

Lorsqu'un inspecteur général vient visiter un établissement, un planton est immédiatement envoyé à ses ordres.

ART. 58.

Les directeurs qui auront des chevaux à eux en dehors du nombre réglementaire les feront panser par un homme à leur service.

ART. 59.

Il est expressément défendu de se servir des voitures de l'Administration pour un autre motif que l'exercice des étalons.

ART. 60.

Aucun palefrenier ne devant être distrait du service, les directeurs et officiers ne pourront employer, à titre d'ordonnance, des hommes qu'en dehors des heures de pansage et des promenades.

Toutefois, les directeurs et officiers qui ont un ou plusieurs chevaux et des voitures pour leur service personnel ne peuvent, en aucun cas, employer des palefreniers du dépôt pour les conduire et en avoir soin.

ART. 61.

Les effets de sellerie, le mobilier et le matériel sont, ou acquis directement par les dépôts en vertu d'une autorisation du Directeur général, ou envoyés par l'Administration supérieure.

Dans les deux cas, au moment de leur réception, le sous-directeur les inscrit au registre d'inventaire ; il est adressé à l'Administration un certificat de prise en charge comme il est dit à l'article 97.

Les effets de sellerie envoyés par la Direction générale dans les dépôts ne pourront l'être qu'après avoir été reçus par un inspecteur général délégué à cet effet.

Toutes les demandes d'objets de sellerie et autres sont faites par le directeur à l'inspection générale. L'inspecteur général les contrôle, les rejette ou les approuve; dans ce dernier cas, il les adresse au Directeur général, qui statue.

ART. 62.

Nul ne peut quitter son poste sans une autorisation régulière.

Les congés ne dépassant pas un mois sont accordés par le Directeur général.

Les demandes de congé pour un plus long terme et celle pour la prolongation d'un congé d'un mois sont soumises à l'approbation du Ministre.

Le directeur peut accorder des permissions de quarante-huit heures aux officiers sous ses ordres, en en rendant compte à l'inspecteur général.

ART. 63.

Le Directeur général statue sur les retenues de traitement suivant les règlements existants.

ART. 64.

Le directeur peut accorder des congés aux gagistes, mais à la condition que ceux-ci se feront remplacer par des journaliers capables, agréés d'avance par le chef de l'établissement, et qu'ils payeront directement eux-mêmes et à leurs frais.

CHAPITRE III.

INDEMNITÉS DE DÉPLACEMENT ET DE LOGEMENT.

ART. 65.

Une somme, dont la quotité est arrêtée par le Directeur général, est allouée chaque année à chaque inspecteur général et à chaque directeur pour frais de tournées.

Ces frais de tournées sont payés par douzièmes.

ART. 66.

Toutes les fois que le directeur se fera remplacer dans ses tournées par un officier (sous-directeur ou surveillant), il lui allouera sur l'indemnité qui lui est attribuée une somme fixée, *pour tous frais,* à douze francs par jour.

ART. 67.

Les frais de mission à l'étranger sont fixés spécialement par le Directeur général.

ART. 68.

Les vétérinaires, les brigadiers-chefs, brigadiers et palefreniers recevront en voyage les indemnités ci-dessous :

	FRAIS ACCESSOIRES de déplacement, par kilomètre,		FRAIS DE SÉJOUR
	sur les chemins de fer.	par route de terre.	par jour.
Vétérinaires	$0^f\,12^c$	$0^f\,40^c$	10^f
Brigadiers-chefs, brigadiers et palefreniers	0 085 (A)	0 15	3

Toute absence de vingt-quatre heures hors la résidence habituelle donne droit à l'indemnité de séjour.

Cette disposition n'est applicable que pendant le temps que les vétérinaires et les gagistes voyagent pour le service.

(A) En vertu d'un arrêté du 26 mai 1862, les gagistes admis au bénéfice de la réduction de 50 p. o/o consentie sur leurs tarifs par les compagnies de chemins de fer n'ont droit qu'à une indemnité de 0^f, 042.

Dans les stations de monte, les gagistes ont droit à une indemnité de 25 centimes par jour.

ART. 69.

Les officiers sont logés dans les établissements. Dans les cas exceptionnels contraires, une indemnité proportionnée au grade et à la résidence est accordée par le Directeur général.

TITRE IV.

COMPTABILITÉ.

CHAPITRE PREMIER.

MANUTENTION DES FONDS.

ART. 70.

Les mandats délivrés par les préfets sur les ordonnances du Ministre et pour l'entretien des établissements seront libellés au nom des agents comptables. Les préfets les adresseront aux directeurs ; ces derniers y apposeront leur visa et les remettront ensuite aux agents comptables.

Il ne sera dérogé à cette règle que dans le cas où un agent comptable n'aurait pas fourni son cautionnement et moyennant autorisation ministérielle. Les mandats seront alors exceptionnellement délivrés au nom du directeur, qui en fera le recouvrement et restera dépositaire de tous les fonds quelconques dont il deviendra comptable par le fait même de la remise (article 117 du règlement du 3 décembre 1844 et 67 de l'ordonnance du 31 mai 1838).

ART. 71.

Les fonds reçus au compte de chaque dépôt, de quelque origine qu'ils proviennent, seront, sauf dans le cas exceptionnel spécifié au deuxième paragraphe de l'article 69, perçus par l'agent comptable et déposés dans un coffre-fort dont ce fonctionnaire aura seul la clef et qui sera fourni par l'établissement.

ART. 72.

Il sera tenu par année, pour le service de la caisse, un *Livre de caisse* (modèle n° 50), sur lequel les recouvrements et les payements seront inscrits et additionnés chaque jour à l'effet de constater la valeur du reste en caisse.

ART. 73.

Le dernier jour de chaque mois, et plus souvent, s'il le juge convenable, le directeur vérifiera la caisse de l'établissement. A chaque vérification il déposera dans la caisse un bordereau signé de lui. Les bordereaux seront remis à l'inspecteur général, lors de sa visite annuelle, pour être adressés à l'Administration supérieure.

ART. 74.

Aucun payement ne pourra être fait que sur le vu d'un *Bon à payer* du directeur.

Les bons (modèle n° 7), extraits d'un registre à souche, qui restera entre les mains du directeur et sera tenu par année, énonceront en toutes lettres les sommes à payer, et seront conservés par l'agent comptable.

ART. 75.

L'apposition du visa du directeur sur les quittances (modèle n° 43) ou factures des fournisseurs ne dispense, dans aucun cas, cet officier des obligations imposées par l'article précédent.

ART. 76.

Les payements faits seront justifiés par la production des pièces mentionnées dans la nomenclature annexée au règlement de comptabilité publique, en date du 3 décembre 1844.

La justification de l'emploi des mandats encaissés devra être faite au payeur, ou plus tard, dans le délai d'un mois, et le montant de toute avance ou portion d'avance, dont l'emploi ne pourrait être justifié avant l'expiration de ce délai, sera immédiatement reversé dans la caisse du receveur des finances. (Art. 111 du règlement du 3 décembre 1844 et 72 de l'ordonnance du 31 mai 1838.)

Lorsque l'agent comptable aura à fournir au payeur la justification de l'emploi de fonds qu'il en aura reçus, il dressera, en double expédition, un bordereau des pièces produites (modèle n° 42). Ce bordereau et les pièces, visés et certifiés par le directeur, seront soumis à la vérification et au visa du préfet, puis remis au payeur. Celui-ci rendra à l'agent comptable une des expéditions du bordereau, après l'avoir revêtue de sa déclaration de réception, et cette expédition sera adressée à l'Administration supérieure. (Art. 113 du règlement du 3 décembre 1844.)

ART. 77.

Si le payeur refuse le payement d'un mandat à l'agent comptable, pour cause d'omission ou d'irrégularité matérielle dans les pièces produites à l'appui de l'emploi d'un mandat antérieur, l'agent comptable exigera du payeur la déclaration écrite et motivée de son refus.

Cette déclaration sera immédiatement adressée à l'Administration supérieure, qui avisera. (Art. 132 du règlement de 1844 et 69 de l'ordonnance de 1838.)

ART. 78.

Lorsqu'une dépense, payée par l'agent comptable, aura été rejetée par le Ministre, ce fonctionnaire prendra les mesures nécessaires pour faire rentrer en caisse la somme dont l'emploi n'aura pas été approuvé.

Si la rentrée de cette somme a lieu avant la justification de la dépense, l'agent comptable pourra en faire réemploi.

Dans le cas contraire, elle sera reversée dans la caisse du receveur des finances.

ART. 79.

Les reversements de fonds prescrits aux deux articles précédents doivent être effectués en vertu d'ordres de reversement délivrés par le préfet.

Les récépissés ou déclarations constatant les reversements effectués par l'agent comptable, et délivrés par le receveur, seront immédiatement adressés à l'Administration supérieure. (Art. 135 du règlement du 3 décembre 1844.)

ART. 80.

Il est expressément défendu au directeur et à l'agent comptable :

1° D'employer les fonds de l'établissement à un objet étranger au service auquel ils sont destinés ;

2° De se servir, même provisoirement, pour acquitter les dépenses de l'établissement, de fonds autres que ceux du Trésor, régulièrement ouverts et provenant des mandats délivrés par le préfet ;

3° De disposer, en tout ou en partie, de la masse de garantie et de la masse d'habillement des palefreniers, sans une autorisation ministérielle, et pour un autre objet que celui auquel ces fonds sont spécialement affectés.

ART. 81.

Toutes les sommes, autres que celles provenant de mandats ou formant la masse des gagistes, reçues par l'agent comptable, constituent des produits recouvrés pour le compte du Trésor, et doivent être versées, à la fin de chaque mois, à la caisse du receveur des domaines.

Le produit de la monte, perçu dans les stations, est versé chaque mois, par les palefreniers chefs de station, entre les mains des receveurs des domaines.

ART. 82.

La perception d'une somme quelconque, à quelque titre que ce soit, donnera lieu à la délivrance d'un reçu ou quittance.

Aucun reçu ou quittance ne sera délivré sans avoir été soumis préalablement au visa du directeur.

Les reçus ou quittances seront extraits d'un *Registre à souche* (modèle n° 6), qui restera entre les mains de l'agent comptable.

Au moyen de ce registre l'agent des finances vérifiera, au besoin, l'exactitude des versements faits à sa caisse.

ART. 83.

Le directeur tiendra une note exacte des pièces qui auront été soumises à son visa.

ART. 84.

Le timbre de toutes les pièces justificatives de dépenses, assujetties à cette formalité, est à la charge des créanciers. (Art. 29 de la loi du 13 brumaire an VII, et 175 du règlement de 1844.)

CHAPITRE II.

COMPTABILITÉ EN DENIERS.

ART. 85.

Un *Journal général* (modèle n° 8) des recettes et dépenses, tant en espèces qu'en valeurs pour ordre, sera tenu dans chaque établissement. Ce journal, base des écritures du dépôt, sera établi *par gestion;* il présentera, sous une série de numéros non interrompus, tous les faits de recette et de dépense accomplis du 1er janvier au 31 décembre d'une même année, à quelque excercice que ces faits se rapportent.

Le journal général sera tenu à jour, sans intercalations, ratures ni surcharges. Les recettes et payements y seront inscrits successivement à leur date réelle.

ART. 86.

Les sommes reçues du Trésor, en vertu d'ordonnances ministérielles, celles qui rentreront dans la caisse par suite de réduction de dépenses effectuées, les fonds de la masse de garantie des gagistes, seront portés dans la colonne des *Recettes en espèces.*

Toutes autres recettes perçues, soit par les agents comptables des dépôts, soit par les receveurs des finances pour le compte des dépôts et acquises au Trésor, la valeur des produits en nature provenant des établissements, seront inscrites dans la colonne des *Recettes pour ordre.*

ART. 87.

Les sommes dépensées sur les fonds reçus du Trésor, celles reversées entre les mains des receveurs des finances, par suite, soit de réduction de dépenses effectuées, soit de non-emploi de fonds reçus du

Trésor, les dépenses imputées sur la masse de garantie des gagistes, seront portées dans la colonne des *Dépenses en espèces.*

Le versement entre les mains des receveurs des finances des recettes comprises dans la catégorie des *Recettes pour ordre*, la valeur des produits en nature provenant des établissements et consommés ou employés par eux, seront inscrits dans la colonne des *Dépenses pour ordre.*

ART. 88.

Au dernier jour de chaque mois, les diverses colonnes de recettes et de dépenses seront totalisées, et les résultats de cette opération seront constatés par l'apposition du visa du chef de l'établissement.

Au 31 décembre de chaque année, le journal général sera définitivement arrêté par l'agent comptable, qui établira, dans une récapitulation placée à la suite de l'arrêté, la situation du moment, c'est-à-dire la balance entre les recettes et les dépenses ou l'excédant des recettes sur les dépenses. Dans ce dernier cas, l'excédant des recettes sera immédiatement reporté au journal suivant, dont il formera le premier article.

Le journal général sera, en outre, arrêté accidentellement à l'inspection générale annuelle, et toutes les fois qu'il y aura lieu de procéder à une remise du service de l'agent comptable.

ART. 89.

Les articles de recettes et de dépenses passés au journal général devront être détaillés et libellés clairement.

ART. 90.

Comme auxiliaires au journal général, il sera tenu, dans les établissements, deux registres, l'un pour les *Recettes* (modèle n° 9), l'autre pour les *Dépenses* (modèle n° 10), tant en numéraire qu'en valeurs pour ordre.

ART. 91.

Les divers articles du journal général y seront reproduits d'une manière sommaire, avec leurs dates et leurs numéros, et classés par chapitres conformément à la nomenclature ci-après, savoir :

RECETTES.

RECETTES EN ESPÈCES.

CHAP. 1er. Fonds du Trésor { Recettes sur mandats.
Reprises de fonds avant ou après justification.

—— 2. Masse de garantie des gagistes.

RECETTES EN VALEURS POUR ORDRE.

CHAP. 1er Produit de la monte.
—— 2. Ventes de chevaux.
—— 3. Ventes de fumiers.
—— 4. Ventes d'objets divers.
—— 5. Produits du domaine... { Revenus des biens affermés. Ventes de récoltes.
—— 6. Produits à consommer ou à employer en nature.

DÉPENSES.

DÉPENSES EN ESPÈCES.

CHAP. 1er. Appointements.
—— 2. Frais de tournées.
—— 3. Gages.
—— 4. Habillement des palefreniers.
—— 5. Soins et médicaments aux hommes, secours.
—— 6. Gratification de monte.
—— 7. Nourriture des animaux.
—— 8. Ferrure.
—— 9. Soins et médicaments aux chevaux.
—— 10. Sellerie, ustensiles d'écurie, carrosserie.
—— 11. Éclairage.
—— 12. Frais de conduite des chevaux.
—— 13. Frais de monte.
—— 14. Frais de bureau.
—— 15. Constructions et réparations, locations, indemnités de logement.
—— 16. Frais de culture.
—— 17. Objets divers.
—— 18. Reversements.
—— 19. Masse de garantie des gagistes.

DÉPENSES EN VALEURS POUR ORDRE.

CHAP. 1er. Produit de la monte.
—— 2. Ventes de chevaux.
—— 3. Ventes de fumiers.
—— 4. Ventes d'objets divers.
—— 5. Produits du domaine.. { Revenus des biens affermés. Ventes de récoltes.
—— 6. Produits consommés ou employés en nature.

ART. 92.

Les registres auxiliaires de recettes et de dépenses seront tenus par *Exercice*, selon l'acception donnée à ce mot par les articles 3 de l'ordonnance du 31 mai 1838 et 2 du décret du 11 août 1850.

CHAPITRE III.

COMPTABILITÉ EN MATIÈRES.

ART. 93.

Indépendamment des registres et documents prescrits par le règlement du 29 avril 1854, sur la comptabilité en matières, il sera tenu, dans les établissements, pour chaque partie spéciale du service, deux registres-inventaires constatant, l'un les entrées, l'autre les sorties successives d'objets, denrées ou matières.

ART. 94.

Seront portées sur ces registres, par ordre de dates et le jour même où elles auront été effectuées, les entrés déterminées par les livraisons et les sorties résultant de la consommation, des réformes, ventes et déchets.

Aucun objet ne sera réputé réformé, qu'après la visite de l'inspecteur général.

ART. 95.

Les objets, denrées et matières pour lesquels il sera ouvert des registres-inventaires sont classés comme suit :

1° Denrées propres à la nourriture des animaux, bois et fumiers (modèles n°s 11 et 12);

2° Ustensiles de la forge et matières propres à la ferrure (modèle n° 14);

3° Ustensiles de la pharmacie et médicaments (modèle n° 15);

4° Objets de sellerie, de bourrelerie et de carrosserie, ustensiles d'écurie et autres, appareils d'éclairage (modèle n° 13);

5° Mobilier de l'établissement et ustensiles aratoires (modèle n° 16).

ART. 96.

Aucune des matières désignées au premier paragraphe de l'article précédent ne pourra sortir du magasin que sur un *Bon* du directeur (modèle n° 53). Les bons, ainsi que les feuilles de consommation dont l'établissement est prescrit par l'article 34, seront conservés pour être soumis à la vérification de l'inspecteur général, au moment de sa visite annuelle.

ART. 97.

Les registres-inventaires des denrées, etc. seront arrêtés à la fin de chaque mois par le directeur.

Tous les registres-inventaires seront, en outre, arrêtés à la fin de chaque année par le directeur.

Tous les registres-inventaires seront également arrêtés par l'inspecteur général, au moment de sa visite annuelle. Cet officier supérieur en transmettra le *Relevé* à l'Administration (modèles n°s 63 et 64).

Le reliquat existant à la fin de chaque année, et résultant de la comparaison des entrées et des sorties ouvrira le compte d'entrée de l'année suivante.

ART. 98.

Lorsque des objets seront envoyés dans un établissement par l'Administration supérieure, le directeur adressera au Directeur général un *Certificat de réception et de prise en charge* (modèle n° 55) desdits objets, indiquant le numéro sous lequel chacun d'eux aura été inscrit à l'inventaire.

Ce certificat sera signé par l'agent comptable et visé par le directeur.

CHAPITRE IV.

ÉTATS ET COMPTES À PRODUIRE.

ART. 99.

Dans les cinq premiers jours de chaque mois, les directeurs adresseront au Directeur général le compte des recettes et dépenses effectuées pendant le mois précédent. Ce compte, désigné sous le nom de *Bordereau mensuel* (modèle n° 27), sera subdivisé d'après la nomenclature arrêtée en l'article 90, et établi conformément au journal général, dont il devra être la reproduction exacte.

ART. 100.

Au bordereau mensuel seront jointes les pièces suivantes :

1° État des appointements et gages (modèle n° 28);

2° État nominatif et sanitaire des animaux (modèle n° 29);

3° État des fourrages consommés et de la situation de magasin (modèle n° 30);

4° Bordereau de caisse (modèle n° 33);

5° États détaillés des dépenses relatives aux frais de tournées des vétérinaires et aux frais de route des gagistes (modèles n°s 34 et 35), aux dépenses diverses faites dans les stations de monte (modèle n° 36), aux frais de conduite des chevaux (modèle n° 37).

ART. 101.

Pour les établissement ayant un domaine, l'état des fourrages consommés mentionnera les denrées livrées par le fournisseur et celles provenant du domaine. Cet état et la situation du magasin des denrées provenant du domaine seront établis conformément aux modèles n°s 31 et 32.

Pour les mêmes établissements il sera joint, en outre, au bordereau :

1° Un état des employés à gages fixes ;

2° Un état numérique des animaux servant à la culture ;

3° Un état de la consommation faite par ces animaux pendant le mois ;

4° Un état des ouvriers employés pendant le mois, soit à la journée, soit à forfait, spécifiant le nombre des journées payées, le prix de chaque journée ou de chaque marché particulier, la nature et l'étendue des travaux exécutés (modèle n° 38).

ART. 102.

Indépendamment des pièces mentionnées ci-dessus, le directeur enverra au Directeur général, avec le bordereau du dernier mois de chaque trimestre :

1° Un état nominatif, en double expédition, des retenues effectuées pendant le trimestre écoulé, pour les pensions de retraite, sur les appointements des fonctionnaires et employés (modèle n° 40) ;

2° Une situation sommaire des crédits alloués et des payements effectués pendant le trimestre (modèle n° 41) ;

3° Un état des journées de présence des chevaux (modèle n° 39).

ART. 103.

Le compte du mois de juillet sera accompagné :

1° De l'état des juments saillies dans l'année et du produit du saut (modèle n° 20) ;

2° De l'état statistique de la monte de l'année (modèle n° 23) ;

3° De l'état des productions résultant de la monte de l'année précédente (modèle n° 25) ;

4° De l'état des juments de pur sang saillies par les étalons de pur sang (modèle n° 22).

ART. 104.

Une situation approximative des dépenses de l'année sera jointe au compte du mois de septembre (modèle n° 48).

ART. 105.

Le compte du mois de décembre contiendra :

1° Une situation générale et définitive des recettes et dépenses de l'établissement afférentes à l'exercice écoulé (modèle n° 49) ;

2° Un état des produits de l'établissement consommés ou employés en nature (fourrages, bois, fumiers) ;

3° Un état numérique des rations consommées par les animaux ;

4° Une copie de l'arrêté de clôture du journal général.

Les recettes et dépenses effectuées après le 31 décembre, au titre de l'exercice écoulé, feront l'objet d'un compte supplémentaire.

ART. 106.

Chaque année, immédiatement après le payement du solde des dépenses de l'exercice expiré, le directeur adressera au Directeur général le compte général des recettes et dépenses de cet exercice (modèle n° 44).

Ce compte, qui devra présenter la récapitulation des bordereaux mensuels, tels qu'ils auront été approuvés, sera dressé en triple expédition.

ART. 107.

Pour les établissements ayant des biens ruraux, il sera fourni avec le compte général :

1° Un tableau présentant, pour les propriétés que l'établissement fait valoir, la nature, la contenance et le produit des terres (modèle n° 47) ;

2° Un tableau des propriétés affermées, indiquant leur contenance, le nom des fermiers, la durée des baux et le prix des fermages (modèle n° 46) ;

3° Enfin un compte raisonné et comparatif des produits et des frais du domaine (modèle n° 45).

Le compte raisonné présentera,

En recettes :

1° L'évaluation des récoltes et pacages, faite, pour les récoltes, d'après le terme moyen des mercuriales de l'année, pour les pacages, d'après les prix courants du pays ;

2° Le montant des produits vendus au profit du trésor ;

3° L'évaluation des animaux produits sur le domaine ;

4° L'augmentation du mobilier de la régie.

En dépenses :

1° Les sommes dépensées pour la culture, pour l'entretien du domaine et pour les contributions ;

2° L'évaluation des denrées consommées en nature par les animaux attachés à la culture ;

3° Le prix des denrées achetées pour ces mêmes animaux ;

4° Le prix des denrées employées pour semence et des matières affectées aux réparations et clôtures des bâtiments de la régie.

Un relevé sommaire du registre-inventaire du magasin sera joint au compte raisonné.

ART. 108.

Tous les comptes seront, ainsi que les pièces à l'appui, signés par l'agent comptable et visés par le directeur.

L'état nominatif et sanitaire des animaux sera signé par le vétérinaire et certifié par le directeur.

ART. 109.

L'arrivée ou le départ d'un agent comptable donnera toujours lieu à une remise de service et de caisse dont le procès-verbal, signé par qui de droit, sera adressé à l'Administration supérieure.

Ce procès-verbal fera ressortir, au jour même de la remise, la situation des recettes et dépenses, tant en espèces qu'en valeurs pour ordre, extraite du journal général, et la concordance de cette situation avec celle de la caisse. Il présentera, en outre, un relevé sommaire des registres et documents dont la tenue est confiée à l'agent comptable, ainsi que des objets de toute nature affectés au service et dont ce fonctionnaire est responsable.

CHAPITRE V.

MASSES DES GAGISTES.

ART. 110.

Une masse de garantie, fixée à 50 francs, est imposée à chaque gagiste.

ART. 111.

Cette masse est formée au moyen d'une retenue de 10 centimes opérée sans interruption sur les gages journaliers jusqu'à complément de 50 francs.

Néanmoins, tout gagiste reste libre de constituer sa masse par un seul versement ou par portions, qui ne peuvent être moindres que le montant mensuel des retenues de 10 centimes.

ART. 112.

La masse de garantie est destinée à payer les effets d'habillement et les objets divers de service qui seraient perdus ou détériorés par la faute du gagiste.

Elle est également consacrée à combler les déficits qui existeraient dans les comptes que le gagiste a à rendre au retour de la monte, sans préjudice des poursuites judiciaires qu'il pourrait avoir encourues.

Si la masse de garantie est insuffisante à couvrir les dépenses ou déficits dont il est parlé ci-dessus, les gages du palefrenier répondront de la différence.

ART. 113.

Il est alloué annuellement à chaque gagiste une somme de 125 fr. applicable à toutes les dépenses normales de son habillement.

ART. 114.

Si cette allocation est insuffisante, le gagiste paye la dépense excédante.

Dans le cas contraire, le reliquat disponible au 31 décembre de chaque année est tenu en réserve pour accroître l'allocation de l'année suivante.

ART. 115.

Tout gagiste, quittant un dépôt pour passer dans un autre, est tenu de verser entre les mains de l'agent comptable de l'établissement où il entre le montant de ses masses, tel qu'il a été arrêté par l'agent comptable de l'établissement d'où il sort. Le gagiste qui ne satisfera pas à cette obligation subira, sur ses gages, une retenue égale au déficit constaté.

ART. 116.

Tout gagiste sortant du service a droit à la remise du montant de ses masses disponibles au jour de son départ, après inspection des objets d'habillement ou autres dont il est détenteur, et vérification des comptes qu'il peut avoir à rendre.

ART. 117.

L'agent comptable est dépositaire et responsable de la masse de garantie et de la masse d'habillement des gagistes, qui doivent être placées dans la caisse séparément et de manière à n'être pas confondues avec les fonds du Trésor.

ART. 118.

L'agent comptable ouvrira un livre désigné sons le titre de *Compte des masses* (modèle n° 51), sur lequel les recettes et les dépenses afférentes à ces fonds spéciaux et détaillées au livret de chaque palefrenier seront inscrites en résumé à leur date véritable.

Le compte des masses sera arrêté à la fin de chaque mois par le sous-directeur et visé par le directeur. Il sera, en outre, arrêté par l'inspecteur général lors de sa visite annuelle : un état de situation de la masse de garantie et de la masse d'habillement sera joint au rapport d'inspection générale (modèle n° 62).

En toute circonstance, l'arrêté de compte devra concorder avec la situation de caisse.

CHAPITRE VI.

CAUTIONNEMENT.

ART. 119.

Les cautionnements à fournir par les agents comptables seront faits, pour la totalité, en numéraire, et versés, soit à la caisse des receveurs des départements, soit au Trésor, à Paris (article 1er du décret du 15 octobre 1849).

ART. 120.

Les cautionnements à fournir dans les différents établissements sont fixés :

à 15,000f pour ceux qui dépensent de...... 70,000 à 100,000f
à 12,000 pour ceux qui dépensent de...... 40,000 à 70,000
à 10,000 pour ceux qui dépensent moins de 40,000 francs.

ART. 121.

Le versement des cautionnements doit être effectué dans le délai de six mois.

L'agent comptable qui ne satisfera pas à cette obligation sera révoqué.

ART. 122.

Dès qu'un agent comptable aura réalisé son cautionnement, il en adressera le récépissé ou la déclaration de versement à l'Administration supérieure. Celle-ci enverra ladite pièce au Ministre des finances, pour être échangée contre un certificat d'inscription, dont la remise sera faite à l'agent comptable.

ART. 123.

Les ordonnances d'intérêts des capitaux de cautionnements devant être exclusivement délivrées sur la caisse des payeurs des départements dans lesquels les titulaires exercent leurs fonctions, tout agent comptable dont la résidence sera changée enverra à l'Administration supérieure :

1° Le certificat d'inscription de son cautionnement ;

2° Un certificat de non-opposition délivré par le greffier, enregistré et visé par le président du tribunal de première instance de l'arrondissement de l'ancienne résidence, conformément à la loi du 6 ventôse an XIII.

L'Administration adressera ces pièces au Ministre des finances et lui demandera, en échange, un autre titre d'inscription portant affectation du gage à la nouvelle gestion.

ART. 124.

Le remboursement des cautionnements ne peut avoir lieu qu'après l'approbation des comptes de l'exercice pendant lequel les agents comptables ont cessé leurs fonctions.

ART. 125.

Toute demande de remboursement de cautionnement, présentée à l'Administration supérieure, doit contenir :

1° Une lettre sur papier timbré, adressée au Ministre des finances, énonçant l'objet de la demande et les pièces qui y sont jointes;

2° Le certificat d'inscription du titulaire, ou, à défaut de ce titre, une déclaration de perte dûment légalisée;

3° Un certificat de non-opposition délivré par le greffier, enregistré et visé par le président du tribunal de première instance de l'arrondissement dans lequel l'agent comptable exerce, conformément à la loi du 6 ventôse an XIII.

ART. 126.

Si la réalisation du cautionnement d'un agent comptable a donné lieu à la concession d'un privilége de second ordre, le certificat délivré au bailleur de fonds ou une déclaration de perte dûment légalisée devra accompagner les pièces dont la production est prescrite par les articles 122 et 124.

TITRE V.

PENSIONS DE RETRAITES.

CHAPITRE PREMIER.

DÉTERMINATION DU DROIT À PENSION.

ART. 127.

Les officiers et gagistes ont droit à pension, conformément aux dispositions de la loi du 9 juin 1853 sur les pensions civiles, et supportent indistinctement, sans pouvoir les répéter dans aucun cas, les retenues spécifiées au chapitre III du présent titre. (Art. 3 de la loi du 9 juin 1853.)

ART. 128.

Le droit à la pension de retraite est acquis par ancienneté à soixante ans d'âge et après trente ans accomplis de services.

Est dispensé de la condition d'âge le titulaire qui est reconnu, par le Ministre, hors d'état de continuer ses fonctions. (Art. 5 de la loi précitée.)

ART. 129.

Les services dans les armées de terre et de mer, qui n'ont pas été déjà rémunérés par une pension, concourent avec les services civils pour établir le droit à pension, et sont comptés pour leur durée effective, pourvu toutefois que la durée des services civils soit au moins de douze ans. (Art. 8 de la loi précitée).

ART. 130.

Les services civils ne sont comptés que de la date du premier traitement d'activité, et à partir de l'âge de vingt ans accomplis. Le temps du surnumérariat n'est compté dans aucun cas. (Art. 23 de la loi précitée.)

ART. 131.

Peuvent exceptionnellement obtenir pension, quels que soient leur âge et la durée de leur activité :

1° Les officiers et gagistes qui ont été mis hors d'état de continuer leur service, soit par suite d'un acte de dévouement dans un intérêt public, ou en exposant leurs jours pour sauver la vie d'un de leurs concitoyens, soit par suite de lutte ou combat soutenu dans l'exercice de leurs fonctions;

2° Ceux qu'un accident grave, résultant notoirement de l'exercice de leurs fonctions, met dans l'impossibilité de les continuer.

Peuvent également obtenir pension, s'ils comptent cinquante ans d'âge et vingt ans de service, ceux que des infirmités graves résultant de l'exercice de leurs fonctions mettent dans l'impossibilité de les continuer, ou dont l'emploi aura été supprimé. (Art. 11 de la loi précitée.)

ART. 132.

A droit à pension la veuve de l'officier ou gagiste qui a obtenu une pension de retraite en vertu de la loi du 9 juin 1853 ou qui a accompli la durée de service indiquée en l'article 127, pourvu que le mariage ait été contracté six ans avant la cessation des fonctions du mari.

Le droit à pension n'existe pas pour la veuve, dans le cas de séparation de corps prononcée sur la demande du mari. (Art. 13 de la loi précitée.)

ART. 133.

Ont droit à pension :

1° La veuve de l'officier ou gagiste qui, dans l'exercice ou à l'occasion de ses fonctions, a perdu la vie dans un naufrage ou dans un des cas spécifiés au § 1er de l'article 131, soit immédiatement, soit par suite de l'événement;

2° La veuve dont le mari a perdu la vie par un des accidents prévus au § 2 de l'article 131 ou par suite de cet accident.

Dans les cas spécifiés au présent article, il suffit que le mariage ait été contracté antérieurement à l'événement qui a amené la mort ou la mise à la retraite du mari. (Art. 14 de la loi précitée.)

ART. 134.

L'orphelin ou les orphelins mineurs d'un officier ou d'un gagiste ayant obtenu sa pension ou ayant accompli la durée de services indiquée en l'article 128, ou ayant perdu la vie dans un des cas spécifiés aux paragraphes 1er et 2e de l'article 131, ont droit à un secours annuel, lorsque la mère est, ou décédée, ou inhabile à recueillir la pension, ou déchue de ses droits.

S'il existe une veuve et un ou plusieurs orphelins mineurs provenant d'un mariage antérieur du fonctionnaire, un prélèvement est opéré à leur profit sur la pension de la veuve. (Art. 16 de la loi précitée.)

ART. 135.

Les enfants orphelins des officiers et gagistes décédés pensionnaires ne peuvent obtenir de secours, à titre de réversion, qu'autant que le mariage dont ils sont issus a précédé la mise à la retraite de leur père. (Art. 34 du décret du 9 novembre 1853.)

ART. 136.

Tout officier ou gagiste démissionnaire, destitué, révoqué d'emploi, perd ses droits à la pension. S'il est remis en activité, son premier service lui est compté.

Celui qui est constitué en déficit pour détournement de deniers ou de matières, ou convaincu de malversations, perd ses droits à la pension, lors même qu'elle aurait été liquidée ou inscrite.

La même disposition est applicable au fonctionnaire convaincu de s'être démis de son emploi à prix d'argent, et à celui qui aura été condamné à une peine afflictive ou infamante. Dans ce dernier cas, s'il y a réhabilitation, les droits à la pension seront rétablis. (Art. 27 de la loi précitée.)

ART. 137.

Le droit à l'obtention d'une pension est suspendu par les circonstances qui font perdre la qualité de Français, durant la privation de cette qualité. (Art. 29 de la loi précitée.)

ART. 138.

Aucune pension n'est liquidée qu'autant que le fonctionnaire a été préalablement admis à faire valoir ses droits à la retraite par le Ministre. (Art. 19 de la loi précitée.)

ART. 139.

Toute demande de pension est adressée au Ministre. Cette demande doit, à peine de déchéance, être présentée avec les pièces à l'appui (voir le chapitre II du présent titre) dans le délai de cinq ans, à partir, savoir : pour le titulaire, du jour où il aura été admis à faire valoir ses droits à la retraite, ou du jour de la cessation de ses fonctions, s'il a été autorisé à les continuer après cette admission, et, pour la veuve, du jour du décès du fonctionnaire.

Les demandes de secours annuels pour les orphelins doivent être présentées dans le même délai, à partir du jour du décès de leur père ou de celui de leur mère. (Art. 22 de la loi précitée.)

CHAPITRE II.

PIÈCES À PRODUIRE POUR LA JUSTIFICATION DU DROIT À PENSION.

ART. 140.

Tout officier ou gagiste admis à la retraite doit produire les pièces ci-après indiquées, savoir :

1° Son acte de naissance;

2° Une déclaration du domicile où il désire toucher sa pension;

3° Pour la justification des services militaires, un extrait dûment certifié des registres du personnel (cet extrait est produit par l'Administration centrale);

4° Pour la justification des services militaires de terre ou de mer, un certificat directement émané du ministère de la guerre ou de celui de la marine. (Art. 31 du décret du 9 novembre 1853.)

ART. 141.

Dans les cas spécifiés aux paragraphes 1er et 2° de l'article 131, aux pièces énoncées à l'article précédent doivent être jointes celles indiquées ci-après :

1° Procès-verbal de l'événement qui a occasionné l'accident donnant ouverture au droit à pension, dressé en due forme sur le lieu et au moment de l'événement;

A défaut de procès-verbal, acte de notoriété, rédigé sur la déclaration des témoins de l'événement ou des personnes qui ont été à même d'en connaître et d'en apprécier les conséquences;

2° Déclaration de l'autorité municipale et des supérieurs immédiats du fonctionnaire, attestant l'exactitude ou au moins la notoriété des faits énoncés;

3° Certificat de médecin, constatant que le fonctionnaire se trouve, par suite de l'accident, dans l'impossibilité de continuer son service. (Art. 35 du décret du 9 novembre 1853.)

ART. 142.

Dans le cas d'infirmités, spécifié au troisième paragraphe de l'article 131, les pièces dont la production est prescrite par l'article 140 doivent être accompagnées des suivantes :

1° Certificat du médecin qui donne habituellement ses soins au fonctionnaire, indiquant la nature des infirmités, l'époque à laquelle elles ont été contractées, leur corrélation avec l'exercice des fonctions, l'impossibilité où elles mettent le fonctionnaire de les continuer;

2° Certificat d'un médecin désigné par le préfet, donnant les mêmes indications que le précédent sur les infirmités du fonctionnaire, et énonçant, en outre, que le signataire est délégué et assermenté;

3° Déclaration de l'autorité municipale et des supérieurs immédiats du fonctionnaire, attestant l'exactitude, ou au moins la notoriété des faits constatés par les certificats médicaux, et inscrite à la suite des certificats ou faisant l'objet d'un acte séparé. (Art. 35 du décret du 9 novembre 1853.)

ART. 143.

La veuve d'un officier ou gagiste, prétendant à pension, doit produire, indépendamment des pièces que son mari aurait été tenu de fournir :

1° Son acte de naissance;

2° L'acte de décès de son mari;

3° L'acte de célébration de son mariage;

4° Un certificat de non-séparation de corps, et, si le mariage est antérieur à la loi du 8 mai 1816, un certificat de non-divorce, délivré par le maire du lieu de résidence des époux, sur l'attestation de deux témoins;

5° S'il y a eu séparation de corps, un acte établissant que cette séparation a été prononcée sur sa demande;

6° Le brevet délivré à son mari, s'il est décédé en jouissance de pension, ou une déclaration constatant la perte de ce titre. (Art. 32 du décret du 9 novembre 1853.)

ART. 144.

Les orphelins prétendant à pension doivent fournir, indépendamment des pièces que leur père aurait été tenu de produire :

1° Leur acte de naissance;

2° L'acte de décès de leur père;

3° L'acte de célébration du mariage de leurs père et mère;

4° Une expédition ou un extrait de l'acte de tutelle;

5° En cas de prédécès de leur mère, son acte de décès;

6° En cas de séparation de corps, une expédition du jugement qui a prononcé la séparation, ou un certificat du greffier du tribunal qui a rendu le jugement;

7° En cas de second mariage, l'acte de célébration;

8° Le brevet délivré à leur père, s'il est décédé en jouissance de pension, ou une déclaration constatant la perte de ce titre. (Art. 32 du décret du 9 novembre 1853.)

CHAPITRE III.

RETENUES.

ART. 145.

Les retenues que supportent les officiers et gagistes sont :

1° Une retenue de 5 p. 0/0 sur les sommes payées à titre de traitement fixe;

2° Une retenue du douzième de ce traitement lors de la première nomination ou dans le cas de réintégration, et du douzième de toute augmentation ultérieure;

3° Les retenues pour cause de congés et d'absences ou par mesure disciplinaire. (Art. 3 de la loi du 9 juin 1853.)

ART. 146.

Les officiers et gagistes ne peuvent obtenir chaque année un congé ou une autorisation d'absence de plus de quinze jours sans subir une retenue.

Toutefois, un congé d'un mois sans retenue peut être accordé à ceux qui n'ont joui d'aucun congé et d'aucune autorisation d'absence pendant trois années consécutives. (Art. 16 du décret du 9 juin 1853.)

ART. 147.

Pour les congés de moins de trois mois la retenue est de la moitié au moins et des deux tiers au plus du traitement.

Après trois mois de congé consécutifs ou non, dans la même année, l'intégralité du traitement est retenue, et le temps excédant les trois mois n'est pas compté comme service effectif pour la pension de retraite.

La durée du congé, avec retenue de la moitié au moins et des deux tiers au plus du traitement, peut être portée à quatre mois pour les officiers et gagistes exerçant en Algérie. (Art. 16 du décret du 9 novembre 1853.)

ART. 148.

Sont affranchies de toute retenue les absences ayant pour cause l'accomplissement d'un des devoirs imposés par la loi. (Art. 16 du même décret.)

ART. 149.

En cas d'absence pour cause de maladie dûment constatée, l'officier ou gagiste peut être autorisé à conserver l'intégralité de son traitement pendant un temps au plus égal à trois mois.

Pendant les trois mois suivants, il peut obtenir un congé avec la retenue de la moitié au moins et des deux tiers au plus du traitement.

Si la maladie est déterminée par l'une des causes exceptionnelles spécifiées aux premier et deuxième paragraphes de l'article 131, le fonctionnaire peut conserver l'intégralité de son traitement jusqu'à son rétablissement ou jusqu'à sa mise à la retraite. (Art. 16 du même décret.)

ART. 150.

L'ordonnancement des retenues exercées sur les traitements des officiers et gagistes attachés au service des dépôts d'étalons a lieu, tous les trois mois, au profit du Trésor, par l'Administration centrale.

Cet ordonnancement est réglé d'après les états de retenues dont la production trimestrielle est prescrite par l'article 102.

TITRE VI.

ADJUDICATIONS, MARCHÉS, BAUX, VENTES.

CHAPITRE PREMIER.

MARCHÉS PASSÉS EN ADJUDICATION PUBLIQUE OU DE GRÉ À GRÉ.

ART. 151.

A moins de décision contraire de l'Administration supérieure, tous les marchés relatifs au service des établissements, et ayant pour objet des travaux ou des fournitures, seront passés avec concurrence et publicité, à la diligence des préfets des départements dans lesquels les dépôts sont situés. (Art. 45 de l'ordonnance du 31 mai 1838 et 28 du règlement du 3 décembre 1844.)

ART. 152.

L'avis des adjudications à passer devant être publié, sauf les cas d'urgence, un mois à l'avance, par la voie des affiches et par tous les moyens ordinaires de publicité, les directeurs se concerteront, en temps opportun, avec les préfets pour la tenue des adjudications dont l'Administration supérieure aura approuvé les cahiers de charges. (Art. 50 de l'ordonnance de 1838 et 32 du règlement de 1844.)

ART. 153.

Les directeurs prépareront ou feront préparer les cahiers de charges destinés à régir les adjudications publiques ou les marchés de gré à gré, et les soumettront à l'approbation de l'Administration supérieure.

ART. 154.

Les cahiers de charges détermineront, indépendamment des obligations de service imposées aux fournisseurs ou entrepreneurs :

1° La nature et l'importance des garanties qu'ils doivent produire, soit pour être admis aux adjudications, soit pour répondre de l'exécution de leurs engagements ;

2° Les formalités à remplir pour la constitution de ces garanties ;

3° L'action que l'Administration exercera sur lesdites garanties, en cas d'inexécution des engagements. (Art. 49 de l'ordonnance de 1838 et 31 du règlement de 1844.)

ART. 155.

Les directeurs se conformeront, pour les adjudications de fourrages, au modèle spécial de cahier de charges annexé au présent règlement (modèle n° 56).

ART. 156.

Les marchés de gré à gré auront lieu :

1° Soit sur engagement souscrit à la suite du cahier de charges ;

2° Soit sur soumission souscrite par celui qui propose de traiter ;

3° Soit sur correspondance suivant l'usage du commerce.

Il pourra y être suppléé par des achats faits sur simple facture, pour les objets qui seront livrés immédiatement et dont la valeur n'excédera pas 500 francs. (Art. 56 de l'ordonnance de 1838 et 39 du règlement de 1844.)

ART. 157.

Les loyers ou locations de bâtiments seront consentis par baux, ou conventions écrites, et payables par trimestre ou par semestre échu.

Lorsqu'il s'agira de loyers peu importants, les locations pourront avoir lieu verbalement.

ART. 158.

Les adjudications ne seront valables et définitives qu'après l'approbation du Ministre.

Les marchés de gré à gré, les achats et les locations seront, à moins, soit de nécessité résultant de force majeure, soit d'une autorisation spéciale, toujours surbordonnés à l'approbation du Ministre. (Art. 55 et 56 de l'ordonnance de 1838 et 38 et 39 du règlement de 1844.)

ART. 159.

Les droits d'enregistrement des adjudications et marchés et tous autres frais quelconques y relatifs sont à la charge des entrepreneurs et fournisseurs. (Art. 181 du règlement de 1844.)

ART. 160.

Lorsque des adjudications publiques n'aboutiront pas ou qu'elles n'auront pas été ratifiées par le Ministre, l'agent comptable remboursera à qui de droit les frais qu'elles auront occasionnés.

CHAPITRE II.

BAUX ET VENTES.

ART. 161.

L'aliénation des objets mobiliers ou immobiliers appartenant à l'État devant être faite à la diligence de l'administration de l'enregistrement et des domaines, lorsqu'il y aura lieu de procéder à la vente d'étalons, de matières ou d'objets quelconques réformés, et dont le produit est acquis au Trésor, les directeurs du service des haras donneront avis de la décision ministérielle intervenue au directeur de l'enregistrement et des domaines, pour qu'il prenne toutes les mesures propres à assurer la vente, à la préparation et à la tenue de laquelle ils ne concourront pas directement. (Art. 16 de l'ordonnance de 1838, art. 7 du règlement de 1844, circulaire du 16 février 1855.)

Les mêmes dispositions sont applicables à la passation des baux ayant pour objet d'affermer des biens dépendants des établissements.

ART. 162.

Les fumiers pourront être vendus de deux manières.

Ils seront généralement adjugés par avance en adjudication publique, sur soumission formulée à raison de tant par jour et par cheval.

Si ce mode ne peut être suivi, les fumiers accumulés seront vendus par lots à certaines époques.

En cas d'adjudication par avance, le nombre de journées à percevoir sera déterminé par un état trimestriel (modèle n° 39), qui sera certifié par l'agent comptable, arrêté par le directeur et remis au receveur des domaines chargé de la perception.

ART. 163.

Le directeur veillera, s'il y a lieu, à l'insertion, dans les cahiers de charges, des clauses spéciales arrêtées par le Directeur général en vue des intérêts du service.

Les cahiers de charges relatifs aux baux réserveront à l'Administration des haras la faculté de reprendre, en tout ou partie, les domaines affermés, si les besoins du service l'exigent, en prévenant le fermier dans un temps déterminé.

Le directeur pourra être autorisé à faire insérer au cahier de charges relatif aux adjudications de fumier une clause ayant pour objet de réserver, pour les besoins de l'établissement, une quantité déterminée du produit.

ART. 164.

Une expédition du procès-verbal d'adjudication des objets aliénés sera remise au directeur qui l'adressera au Directeur général. (Art. 10 du règlement de 1844).

Une copie des baux sera également transmise au Directeur général.

ART. 165.

Toutes dispositions contraires au présent règlement sont rapportées.

ART. 166.

Le Directeur général des haras est chargé de l'exécution du présent règlement.

Paris, le 1er avril 1862.

A. WALEWSKI.

ARRÊTÉ RÉGLEMENTAIRE

CONCERNANT LES ÉCOLES DE DRESSAGE.

AU NOM DE L'EMPEREUR.

Le Ministre d'État,

Vu le décret organique du 19 décembre 1860;

Sur le rapport du Directeur général des haras,

Arrête :

ARTICLE PREMIER.

Les écoles de dressage sont des établissements municipaux et départementaux, subventionnés par l'Administration des haras, dont elles relèvent directement en ce qui touche leur marche et le fonctionnement général de leur organisation : c'est à cette administration qu'appartient aussi la nomination du directeur et du haut personnel.

Un conseil de surveillance est institué près de chaque école, et chargé particulièrement d'en contrôler les opérations au point de vue financier. Ce conseil est nommé par le Directeur général des haras, sur la proposition du préfet du département, et composé de deux membres du conseil municipal, y compris le maire, président, de deux membres du conseil général, de l'inspecteur général des haras de l'arrondissement, du commandant de la remonte et du directeur de l'école, celui-ci avec voix consultative seulement.

ART. 2.

Le personnel des écoles comprend :

Un directeur, au traitement annuel de 4,000 à 6,000 francs;

Un sous-écuyer ou un piqueur de selle, de 2,000 à 2,400 francs;

Un piqueur d'attelage ou un cocher, de 1,200 à 2,400 francs;

Un commis aux écritures de 600 à 1,000 francs;

Des palefreniers et des élèves palefreniers en rapport avec les besoins du service. Un de ces palefreniers remplit les fonctions de brigadier.

ART. 3.

Le directeur est responsable du fonctionnement de l'école, soit vis-à-vis de l'Administration supérieure pour ce qui concerne le service proprement dit, soit vis-à-vis du conseil de surveillance en ce qui regarde la gestion financière.

Il nomme et révoque les palefreniers et élèves palefreniers, sauf à en donner avis au conseil de surveillance.

Il conclut les marchés de fourrages ou achète en régie, suivant les circonstances, les denrées qui lui sont nécessaires; la livraison en est faite en sa présence.

Il achète également les objets du matériel et les chevaux destinés au service du manége.

Dans toutes ses transactions, hormis les cas d'urgence ou à moins qu'il ne s'agisse de menues dépenses, le directeur est tenu de se pourvoir, au préalable, de l'autorisation du conseil de surveillance.

En cas de divergence d'opinions sur des questions importantes du service, l'Administration supérieure statue.

ART. 4.

Le directeur reçoit le montant des subventions accordées par l'État aussi bien que par les départements et les villes, au fur et à mesure des besoins de son service et sur des mandats délivrés à son nom par le préfet.

Les subventions de l'État étant allouées à forfait, sans condition déterminée, seront payées sur quittance timbrée donnée par le directeur et détachée d'un registre à souche, conformément au règlement de comptabilité publique du 3 décembre 1844.

ART. 5.

Le directeur fait tenir sous ses yeux et sous sa responsabilité une comptabilié commerciale appropriée au fonctionnement de l'école et comprenant :

1 brouillard,
1 journal,
1 grand livre,
1 répertoire,
1 livre de caisse,
1 registre d'entrée et de sortie des chevaux,
1 registre d'inventaire,
1 registre de quittances à souche,
1 registre d'entrée et de sortie des fourrages appuyé de feuilles de consommation,
1 registre d'émargement,
1 compte de la masse des pourboires.

Le directeur adressera, à la fin de chaque trimestre, à l'Administration supérieure, un bordereau détaillé de recettes et de dépenses, établi d'après ses livres.

A ce bordereau le directeur joindra un état des chevaux qui auront été admis à l'école dans le cours du trimestre écoulé, et un rapport où il consignera les observations qu'il croira utile de présenter.

De plus, il devra, à la fin de chaque année, transmettre un rapport d'ensemble résumant les opérations de l'établissement, ainsi qu'un compte général des recettes et dépenses.

Les bordereaux trimestriels et le compte général devront avoir été préalablement soumis au contrôle du conseil de surveillanse dont ils porteront le visa.

Indépendamment de ces documents, le directeur transmettra, à la fin de chaque mois, à l'Administration supérieure, sous forme de tableau, un relevé des chevaux présents à l'école et prêts à être vendus. Ce tableau indiquera les noms des propriétaires, le service auquel les chevaux sont propres (selle ou attelage), enfin le signalement de ces animaux et leur prix d'estimation.

ART. 6.

Il est expressément interdit au directeur, ainsi qu'aux agents placés sous ses ordres, de se livrer pour leur compte, dans l'établissement, à aucune transaction commerciale, soit directement, soit indirectement.

ART. 7.

Le sous-écuyer ou le piqueur de selle est chargé du dressage et de la préparation des jeunes chevaux. Il donne, en outre, les leçons d'équitation.

Le sous-écuyer a la surveillance des gagistes et celle des écuries; il préside aussi à la distribution des fourrages, conformément à la feuille de consommation.

En cas d'absence du directeur, le sous-écuyer prend le commandement de l'école, en se bornant, toutefois, à assurer l'exécution des ordres et instructions laissés par le chef de l'établissement.

ART. 8.

Le piqueur d'attelage ou le cocher est spécialement chargé du dressage des jeunes chevaux d'attelage à deux et à quatre, ainsi qu'au tilbury.

Il doit donner les leçons de guides.

ART. 9.

Le commis aux écritures est chargé de la tenue de tous les registres relatifs à la comptabilité : ceux-ci devront être constamment à jour, de façon que le directeur puisse présenter à chaque réunion du conseil de surveillance, ou toutes les fois qu'il en sera requis, une situation exacte des opérations de l'école.

Le commis aux écritures est également chargé d'établir les bordereaux trimestriels et de fin d'année qui doivent être adressés à l'Administration supérieure.

Dans le cas où les fonctions de commis aux écritures seraient remplies par le sous-écuyer, ce dernier recevrait une indemnité annuelle.

ART. 10.

Il est pourvu au service sanitaire des écoles de dressage par un abonnement passé avec un vétérinaire de la localité.

Le vétérinaire doit faire la visite des chevaux une fois par jour et être, en outre, à la disposition du directeur pour les cas urgents.

ART. 11.

En cas de déplacements, lesquels ne devront avoir lieu, d'ailleurs, que pour des motifs bien déterminés et dans l'intérêt exclusif du service, le directeur recevra une indemnité de 15 francs par jour en sus de ses frais de route, calculés à raison de:

0f 12c par kilomètre (chemin de fer).
0 40c par kilomètre (routes de terre).

ART. 12.

Le nombre des palefreniers ou élèves palefreniers devra être proportionné à celui des chevaux présents à l'école, à raison d'un homme pour quatre chevaux.

Cependant, lorsqu'il y aura une grande réduction d'effectif, le nombre de ces gagistes ne sera jamais moindre que ne le comporte la moyenne présumée des chevaux présents pendant l'année.

L'éducation des élèves palefreniers sera l'objet d'un soin particulier; ils recevront chaque jour une leçon d'équitation et apprendront à conduire aussitôt qu'ils en auront la force. Ils suivront pendant l'hiver une classe du soir, où il leur sera donné une instruction élémentaire et quelques notions d'anatomie du cheval.

ART. 13.

Le salaire des gagistes est fixé suivant les localités, par le conseil de surveillance sur la proposition du directeur.

ART. 14.

En cas d'insubordination ou d'infraction aux règlements de service intérieur, les gagistes sont passibles des punitions ci-après :

1° Garde d'écurie hors tour;
2° Retenue sur les gages, depuis deux jours jusqu'à huit jours;
3° Suppression de pourboires.

Tout homme ayant commis une faute très-grave, ou surpris en état d'ivresse pendant son service, sera immédiatement renvoyé.

ART. 15.

Le prix de la pension pour dressage, nourriture, soins et ferrure des chevaux est fixé par le directeur, suivant les localités et les circonstances, et sur l'avis du conseil de surveillance.

Le jour de l'entrée du cheval et celui de sa sortie sont payés intégralement.

ART. 16.

Les écoles de dressage se chargent de la vente des chevaux qui leur sont confiés, moyennant un droit de 1 p. o/o sur le prix de vente.

ART. 17.

Il sera prélevé un droit de 5 p. o/o sur les primes de dressage obtenues en concours publics par les chevaux dressés dans les écoles; ce prélèvement sera fait en faveur des palefreniers et versé à la masse des pourboires.

Les amendes infligées par le directeur entreront au fonds commun des pourboires.

Les pourboires seront renfermés dans un tronc dont le directeur et l'un des membres du conseil de surveillance auront chacun une clef, et répartis tous les six mois entre les hommes de service, au prorata des gages.

ART. 18.

Indépendamment des chevaux pris en pension, les écoles pourront en recevoir d'autres à titre d'*externes*, qu'elles se chargeront de dresser moyennant un forfait de 50 francs par tête.

Le prix d'une leçon isolée sera de 3 francs pour chevaux de selle ou d'attelage indistinctement.

Les chevaux du dehors, amenés dans les établissements pour subir l'épreuve des cas rédhibitoires, payeront une rétribution d'un franc.

ART. 19.

Les cochers et piqueurs, dont les écoles se chargeront de faire l'éducation, devront à ces établissements un franc par jour.

ART. 20.

Le prix des leçons d'équitation et d'attelage, soit par le directeur, soit par les sous-écuyers ou les piqueurs, est déterminé par le directeur, sur l'avis conforme du conseil de surveillance.

Les entrées de manége seront fixées de la même manière, et appartiendront par moitié aux piqueurs de selle et d'attelage.

Une affiche imprimée fera connaître ces différents tarifs.

ART. 21.

Les perceptions indiquées aux articles 15, 16, 18, 19 et 20 (les entrées de manége exceptées) constituent les recettes éventuelles des écoles et servent, concurremment avec les subventions de l'État, des villes et des départements, à payer toutes les dépenses du service.

ART. 22.

Les écoles de dressage ne sont pas responsables des accidents survenus aux chevaux, à moins qu'il ne puisse être authentiquement prouvé que ces accidents sont du fait des agents ou employés desdits établissements.

ART. 23.

Un règlement, arrêté de concert entre le directeur et le conseil de surveillance, déterminera, dans toutes ses parties, l'ordre du service intérieur.

Ce règlement sera affiché dans l'enceinte des établissements.

ART. 24.

Les agents et employés portent un uniforme fourni sur le budget des écoles et dont la description suit:

SOUS-ÉCUYER OU PIQUEUR.

Newmarket bleu,
Gilet bleu,
Culotte noisette basanée,
Bottes à l'anglaise avec éperons en acier poli,
Chapeau noir.

Même tenue pour le cocher, à l'exception des culottes et des bottes à l'anglaise, qui seront remplacées par un pantalon et des bottes ordinaires.

PALEFRENIERS ET ÉLÈVES.

Grande tenue.

Veste bleue avec boutons argent aux armes de la ville,
Pantalon noisette,
Gilet panne rouge,
Casquette turban rouge,
Cravate blanche,
Épingle fer à cheval.

Petite tenue.

Pantalon peau de taupe gris foncé.
Gilet à manches pareil pour l'été.
Gilet panne bleue à manches pour l'hiver,
Cravate bleue coton.

L'uniforme des sous-écuyer, piqueur et cocher sera renouvelé chaque année.

La grande tenue des palefreniers devra durer deux ans.

La petite tenue pourra être renouvelée en tout ou en partie, chaque année, selon que le directeur en reconnaîtra la nécessité.

Tout gagiste renvoyé sera tenu de verser ses effets au magasin.

ART. 25.

Le Directeur général des haras est chargé de l'exécution du présent arrêté.

Paris, le 1er avril 1862.

A. WALEWSKI.

PERSONNEL DES OFFICIERS DES HARAS.

INSPECTEURS GÉNÉRAUX.

Inspecteurs généraux de 1re classe.

MM. le comte d'Aure.
Perrot de Thannberg.
Dupont (Adolphe).
Houël (Ephrem).

Inspecteurs généraux de 2e classe.

MM. Pétiniaud.
Dupont (Ernest).
de Cormette.
Baron-Dutaya.

ARRONDISSEMENTS D'INSPECTION ET RÉSIDENCES DES INSPECTEURS GÉNÉRAUX.

Arrondissements d'inspection.	Dépôts d'étalons compris dans les établissements.	Noms des inspecteurs généraux.	Résidences.
1er	Abbeville. Braisne. Charleville. Rosières. Strasbourg.	De Cormette	Abbeville.
2e	Le Pin Saint-Lô.	Dupont (Adolphe).	Paris.
3e	Angers. Blois. Hennebont. Lamballe.	Houël	Saint-Lô.

Arrondissements d'inspection.	Dépôts d'étalons compris dans les établissements.	Noms des inspecteurs généraux.	Résidences.
4e	Libourne Napoléon-Vendée Pompadour Saintes Saint-Maixent	Pétiniaud	Bordeaux.
5e	Pau Tarbes	Dupont (Ernest)	Pau.
6e	Aurillac Perpignan Rodez Villeneuve-sur-Lot	Baron-Dutaya	Montpellier.
7e	Annecy Besançon Cluny Montier-en-Der	Perrot de Thannberg	Paris.

M. le comte d'Aure, résidant à Paris, demeure à la disposition du Directeur général des haras pour être chargé des missions spéciales.

DIRECTEURS.

Directeurs de 1re classe.

Dépôts d'étalons.	MM.
Libourne	Ferlut de Sauvagnac.
Napoléon-Vendée	de Lastic Saint-Jal.
Pompadour	Génestal.
Hennebont	Drieu.
Rosières	Boscheron.
Cluny	des Chizeaulx.

Directeurs de 2e classe.

Saint-Maixent	Sarrans.
Rodez	Lacrampe.
Angers	Barbey.
Saintes	Mailhard-Lacouture.
Perpignan	Flotte.
Le Pin	de la Houssaye.
Montier-en-Der	Allaire.
Villeneuve-sur-Lot	Miquel Dalton.
Abbeville	Poitevin de Lamotte.
Tarbes	Coussaud de Massignac.

Directeurs de 3e classe.

Besançon	de Périgny.
Blois	de Boisjourdan.
Pau	Duplessis.

Strasbourg...................... Sautereau.
Braisne...................... Gasté.
Charleville...................... de Laire.
Aurillac...................... de Saulty.
Annecy...................... Davy de Chavigné.
Lamballe...................... Bénéteau.
Saint-Lô...................... Froidevaux.

SOUS-DIRECTEURS AGENTS-COMPTABLES.

Sous-directeurs de 1re classe.

Pau...................... Fontrobert (aîné).
Braisne...................... Grandjean.
Libourne...................... de Séguin.
Saintes...................... de Laporte-aux-Loups,
Strasbourg...................... de Raousset Boulbon.
Perpignan...................... de Bricogne.
Le Pin...................... de la Motte Rouge.
Saint-Maixent...................... Fontrobert (jeune).
Blois...................... O'Diette.

Sous-directeurs de 2e classe.

Rosières...................... Leulier du Ché.
Besançon...................... de Pardieu.
Rodez...................... Duchier de Jupille.
Charleville...................... Caussin de Perceval.
Angers...................... Garron de la Bévière.
Napoléon-Vendée...................... Plazen.
Hennebont...................... Lagrange-Labaudie.
Lamballe...................... de Parcevaux.
Annecy...................... Lasvignes.

Sous-directeurs de 3e classe.

Tarbes...................... Rivet.
Villeneuve...................... Delisle.
Le Pin...................... des Chizeaulz (fils).
Montier-en-Der...................... Muiron.
Pompadour...................... Quinchez.
Saint-Lô...................... de Ganay.
Cluny...................... de Cossigny.
Paris...................... de Goulhot de Saint-Germain.

Surveillants de 1re classe.

Abbeville...................... Guiot de Lacour.
Rosières...................... de Lépineau.
Pompadour...................... de Chazettes de Bargues.
Tarbes...................... Delaage.

Surveillants de 2e classe.

Le Pin	de la Fargue Tauzia.
Angers	de la Charme.

VÉTÉRINAIRES EN TITRE.

Vétérinaires de 1re classe.

Angers	Jeannin.
Le Pin	Roudaud.
Cluny	Greuzard.
Lamballe	Hamon.
Braisne	Cros (père).
Pompadour	Rousset.
Tarbes	Trélut.

Vétérinaires de 2e classe.

Saint-Maixent	Michas.
Villeneuve-sur-Lot	Bouissy.
Montier-en-Der	Foret.
Napoléon-Vendée	Alasaunière.
Abbeville	Déprez.
Rosières	Rougieux.
Charleville	Lairé.
Blois	Goubaux.
Pau	Larrouy.
Besançon	Zominy.
Annecy	Boccon.
Hennebont	Cros (fils).
Saint-Lô	Diguet.
Strasbourg	Mandel.

TABLE.

www.ingramcontent.com/pod-product-compliance
Ingram Content Group UK Ltd.
Pitfield, Milton Keynes, MK11 3LW, UK
UKHW012040240726
13965UKWH00003B/928

9 782011 913371